LA CHINE

ET

LE JAPON

AU TEMPS PRÉSENT

PAR

HENRY SCHLIEMANN

(DE SAINT-PÉTERSBOURG.)

PARIS
LIBRAIRIE CENTRALE
24, BOULEVARD DES ITALIENS, 24

1867

LA CHINE

ET

LE JAPON

POISSY. — TYP. ET STER. DE A. BOURET.

LA CHINE

ET

LE JAPON

AU TEMPS PRÉSENT

PAR

HENRY SCHLIEMANN

PARIS

LIBRAIRIE CENTRALE

24, BOULEVARD DES ITALIENS, 24

1867

LA CHINE

LA CHINE

Kou-pa-kou en Chine, sur la frontière de la Manchourie, le 3 mai 1865.

J'avais entendu faire tant de récits contradictoires sur la *Grande Muraille de la Chine* que, me trouvant à Shangaï, dans un voyage que je fais autour du globe, je ne pus résister au désir de la visiter. Je le fis avec d'autant plus de plaisir que je devais passer par Peking, où j'espérais voir bien des merveilles. Mais pour arriver à cette capitale, je devais d'abord aller à Tien-tsin; je m'embarquai donc le 20 avril à cinq heures du matin sur le pyroscaphe Yeun-tse-fee destiné pour ce port; je dus payer 80 taels (720 francs) pour ce passage qu'on fait avec un bon bateau à vapeur en cinquante-neuf heures.

Nous descendîmes le fleuve Woosung et entrâmes bientôt dans l'immense rivière Yung-tse-kiang, dont les eaux troubles et couleur d'argile teignent la mer sur une distance de quarante-trois lieues de son embouchure, et c'est pour cela que cette mer porte le nom d'Hevanghaï (mer jaune). Le pyroscaphe était mauvais, nous mîmes trois heures pour arriver à la mer, et malgré le vent favorable, ce ne fut que le troisième jour que nous doublâmes le promontoire de Shantung, et entrâmes dans le golfe de Pechili.

Le 23 avril, nous fîmes échelle à Chee-fou et je profitai de cette occasion pour faire la connaissance du fameux polyglotte anglais Robert Thomas, dont j'avais beaucoup entendu parler à Canton et à Shangaï. Outre sa langue maternelle, il parle très-bien les langues russe, suédoise, allemande, française, espagnole, portugaise, italienne, japonaise et chinoise. Ayant embrassé la carrière ecclésiastique, il fut envoyé comme missionnaire en Chine par le gouvernement anglais, qui croyait que par son talent extraordinaire pour les langues, il parviendrai très-vite à maîtriser les monstrueuses difficultés de la langue chinoise et à prêcher avec succès l'Évangile dans cet idiome. Certainement le gouvernement ne s'était pas trompé sur ses capacités, puisque Thomas — grâce à sa méthode d'écrire toujours des historiettes de sa propre composition, de les faire corriger et de les apprendre ensuite par cœur — parvint dans l'espace d'un an, non seulement à parler le chinois couramment, mais aussi à l'écrire avec élégance sur quelque sujet que ce fût, ce qu'aucun étranger n'est jamais parvenu à faire. Mais ayant le caractère aussi faible que sa mémoire est forte, il ne pensa plus dès lors à persévérer dans la carrière à laquelle il s'était voué, et, préférant l'éclat des intérêts mondains à la gloire de sauver les âmes des pauvres idolâtres, il quitta la Mission, et accepta l'humble place d'interprète à la douane de Chee-fou, qu'il occupe depuis deux mois.

Comme il connaît la langue chinoise mieux que tout autre étranger, il n'y a pas de doute qu'il obtiendra sous peu une place importante à la douane, parce que le gouvernement qui s'est vu obligé, par suite des traités conclus avec la France et l'Angleterre en 1860, d'admettre dans son service douanier des agents étrangers, jusqu'à ce que toute l'indemnité fût payée, n'a pas tardé à reconnaître par l'accroissement important de ses revenus, qu'il avait toujours été victime de la corruption de ses employés chinois.

Il destitua donc ceux-ci, et mit à leur place des étrangers qui parlent le chinois.

Comme directeur général des douanes, on nomma en 1861 M. Lay, anglais, avec un salaire de 500,000 francs par an; les autres employés de la douane, ont de 15,000 à 75,000 francs d'appointements.

A la place de M. Lay on a mis en automne dernier l'ancien agent consulaire anglais M. Hart, qui a à peine vingt-cinq ans, mais c'est un génie administratif de premier ordre, et par suite des sages mesures qu'il a prises, les revenus des douanes se sont élevés à présent à plus du quadruple de ceux qu'on obtenait avant l'admission des agents étrangers.

En récompense des éminents services de ce nouvel administrateur, le gouvernement lui a donné plein pouvoir d'agir absolument comme bon lui semble en tout ce qui concerne les douanes du pays, et lui a accordé le troisième rang de l'empire, dont les insignes consistent en un bouton qu'on porte sur le chapeau.

Il y a ici neuf rangs, et ainsi neuf boutons différents. Ce rang donne à M. Hart de grands droits, mais non celui de se faire porter en palanquin dans les rues de Peking, parce qu'il n'y a que les mandarins de premier rang qui jouissent de ce privilége. Comme le gouvernement ne peut trouver en Chine le nombre nécessaire d'étrangers, qui, par la connaissance de la langue chinoise, soient qualifiés pour le service des douanes, il fait venir d'Europe et d'Amérique des jeunes gens, auxquels on paye le passage en première classe par « Overland Mail. » A leur arrivée en Chine, on leur donne un an pour apprendre à parler couramment et à lire un peu, et pendant ce temps ils reçoivent 100 taels (900 francs) par mois. Ils commencent ensuite à servir à la douane avec 15,000 francs d'appointements par an, et on les augmente en proportion de leurs capacités, mais surtout selon leur connaissance de la langue chinoise. J'ai vu à Peking six de ces futurs officiers douaniers, qui sont à présent en train d'étudier le chinois ; il y a parmi eux un allemand, un français, deux anglais et deux américains — tous sont d'anciens employés de commerce, qui préfèrent une bonne position indépendante dans l'empire céleste à la faible chance de faire fortune dans leur mère-patrie. Mais ce goût ne semble pas être particulier aux commis, car de Shangaï à Tien-tsin j'ai eu pour compagnon de voyage un architecte de Berlin du nom d'Alin, qui ne faisait que d'arriver d'Europe aux frais du gouvernement chinois, afin d'étudier la langue à Tien-tsin et de devenir ensuite employé douanier. Cet architecte aussi préfère à la chance lointaine d'avoir un jour la gloire de bâtir des palais dans la capitale prussienne, une étude qui assure une bonne position même à l'homme incapable, et qui ouvre une carrière brillante à l'homme capable.

Mais je m'éloigne trop de mon sujet, la Grande Muraille; toutefois, avant d'y arriver, je dois dire encore quelque chose de mon voyage. Le 27 avril, nous arrivâmes dans l'embouchure du fleuve Peiho, aux forts de Takou, dont celui du Nord contient une garnison française, et celui du Sud une garnison anglaise; en vertu des traités de 1860, cette occupation doit continuer aussi longtemps que l'indemnité ne sera pas entièrement acquittée.

A côté du fort du Sud, commence le village de Takou, qui a une lieue de long, et contient de 40 à 60,000 âmes.

Nous montâmes le beau fleuve Peiho, dont les bords sont couverts de champs de riz parsemés d'arbres fruitiers; les abricotiers et les pêchers étaient en fleurs, les autres arbres encore sans feuilles. Tous les champs en Chine sont labourés et travaillés à la main, et partout on voit des hommes attelés aux charrues et aux herses, au lieu de chevaux ou de bœufs; ainsi on ne voit que des horticulteurs ici, mais l'horticulture est d'une nécessité absolue, parce qu'autrement ce terre ne pourrait pas nourrir sa nombreuse population, laquelle dépasse 400 millions et excède ainsi de plus de 140 millions celle de l'Europe entière. A des distances de 30 à 40 mètres, on a creusé aux bords de la rivière de larges puits, à côté desquels sont assises deux femmes tenant à la main une corde avec un panier imperméable qu'elles remplissent sans cesse en versant l'eau dans un petit canal qui la conduit sur les champs et les arrose; l'eau est si haute dans les puits et les femmes travaillent avec une telle agilité qu'elles peuvent remplir et verser dix paniers par minute.

A moitié chemin entre Takou et Tien-tsin, nous passâmes le grand village Tien-tsi-kou qui n'a pas moins de 100,000 habitants. Enfin à sept heures du soir, nous arrivâmes à Tien-tsin situé sur le Peiho et sur le Grand Canal, qui a 1372 kilomètres de long.

Tien-tsin a plus de 400,000 habitants, dont la plupart habitent les faubourgs. De toutes les villes sales que j'ai vues de ma vie, et j'en ai vu beaucoup en différentes parties du globe, mais surtout en Chine, Tien-tsin est certainement la plus immonde et la plus repoussante; tous les sens du passant y sont continuellement offensés.

Le surlendemain de mon arrivée à Tien-tsin, le 29 avril, je partis pour Peking avec deux charrettes à deux mulets; dans l'une était mon domestique Atshou avec mes bagages, et j'occupais l'autre. La charrette, la seule et unique voiture dans toute la Chine et le seul véhicule que l'état des rues dans les villes et la condition des grands chemins permette, est toujours à deux roues et couverte d'une étoffe de coton bleue en forme de voûte. Elle n'est ni assez longue pour s'y coucher, ni assez haute pour s'y asseoir à la façon européenne et elle n'est naturellement pas suspendue; elle inflige une affreuse torture à tout européen, et si les Chinois n'y souffrent pas, je ne saurais l'attribuer qu'à un défaut ou à une qualité dans leur système nerveux. Je ne trouvai pas d'autre moyen que de m'asseoir à califourchon sur le timon, parce que dans cette position j'avais moins à souffrir des formidables secousses.

Je n'eus pas à me plaindre en route de manquer de nourriture, parce que je trouvai du riz et parfois même des œufs ou du mouton.

Brisé par la fatigue, je parvins le 30 avril à six heures du soir à Peking, dont je ne vis rien avant d'arriver devant la muraille. Celle-ci est imposante, grandiose, colossale ; elle a 52 kilomètres de circonférence, et selon les localités de 16 à 23 mètres de haut, 20 mètres de large à la base et 16 mètres en haut, de sorte que huit voitnres européennes pourraient y passer de front ; de 100 mètres en 100 mètres il y a des bastions de 20 mètres carrés. On compte neuf grands portails à quatre étages de 67 mètres carrés et de 67 mètres de haut ; chacun de ces portails est protégé par un autre de mêmes dimensions.

Peking est divisé en trois villes, savoir : la ville Impériale, la ville Tartare et la ville Chinoise, et ces villes sont séparées les unes des autres par de hautes murailles munies d'immenses tours et de portails ; le tout est environné de la grande muraille d'enceinte de 52 kilomètres de long, dont j'ai parlé plus haut.

En arrivant à l'une d^s neuf grandes portes de Peking et en voyan^ ι muraille colossale qui s'étend des deux côtés à perte de vue, je me sentis pénétré d'un peu de cette admiration avec laquelle Marco Polo, à son retour à Venise en 1291, parlait de la magnificence de Kambalic ou de la cité du grand Khan.

Je croyais trouver de bien plus grandes merveilles dans l'intérieur de la ville, mais je m'étais affreusement trompé. Comme il n'y a pas d'hôtels à Peking, excepté les auberges de voituriers, qui sont d'une saleté repoussante, je m'arrêtai à un temple de Budha, dont les bons prêtres, — dans l'excès de leur hospitalité, — m'accordèrent une chambre moyennant six francs par jour ; ils en demandèrent d'abord douze, et ce ne fut qu'après avoir beaucoup marchandé que je l'obtins enfin pour la moitié. Ma chambre avait 4 mètres carrés, la moitié était occupée par le lit consistant en une vaste couchette en pierres, et j'avais le privilége de me choisir sur les dalles la place la plus molle pour y étendre mon corps fatigué. Le reste du sol de la chambre n'était pas pavé ; on l'avait arrosé pour abattre la poussière ; mais par un excès de zèle on avait été trop prodigue d'eau et on avait produit ainsi une affreuse boue fétide. Une table et un tabouret formaient tout l'ameublement, mais les murs, de couleur douteuse, étaient revêtus de dix tableaux de deux mètres et demi de long et de 64 centimètres de large, qui contenaient des extraits du saint livre de Confucius en beaux caractères chinois. Il y avait enfin à la chambre neuf fenêtres couvertes de fin papier blanc au lieu de vitres, dont l'emploi est inconnu aux habitants de l'Empire Céleste.

Il était huit heures du soir quand je fus bien installé dans mon nouveau logement ; j'avais une faim de loup et je demandai à manger ; mais il n'y avait rien à obtenir chez les bons prêtres et Atshon, mon domestique, m'assurait qu'à cette heure tout Peking dormait. Ainsi je dus me coucher sans dîner ni souper, mais j'étais à tel point harassé de fatigue que je dormis sur la pierre dure sans me réveiller jusqu'à cinq heures du matin, heure à laquelle Atshon, — une théière, une coupe à thé, et une autre coupe avec du riz, à la main, — vint me réveiller. Il s'était levé à quatre heures et avait réussi à acheter du thé et du riz et à préparer mon déjeuner. C'était de mauvais thé vert dont ne voudrait pas le dernier de nos ouvriers en Europe; en outre il fallut le boire sans lait ni sucre, parce que les Chinois, ne faisant jamais usage de ces articles de luxe du goût européen, l'on est dans l'impossibilité de s'en procurer. Le riz était jaune, mauvais et sans sel, parce que Atshon n'en avait pas acheté, croyant en trouver chez les bons prêtres; mais ceux-ci prétendaient ne pas en avoir. Envoyer chercher du sel aurait occasionné un nouveau délai d'un quart d'heure et ma faim ne me permettait point de m'y soumettre; je me mis donc courageusement à déjeuner. Atshon m'avait bien apporté les deux baguettes dont se servent les Chinois au lieu de couteaux et de fourchettes, mais ne sachant pas manœuvrer ces baguettes, je me mis à manger avec mes doigts à l'instar des Arabes. Bien que je n'aie jamais eu un aussi misérable déjeûner, mon appétit me le fit paraître des plus délicats.

Après le repas j'envoyai Atshon chercher deux chevaux de selle et à six heures nous nous mîmes en route pour voir la ville.

Tandis que dans la magnifique ville de Canton la plus grande rue n'a pas plus de deux mètres de large, la rue la plus étroite de Peking n'a pas moins de six mètres, la plupart ont environ vingt mètres ; il y en a beaucoup qui en ont trente et quelques-unes jusqu'à cinquante et soixante. Toutes les maisons sont à un étage et consistent en briques séchées par la fumée, ce qui leur donne une couleur bleuâtre. Toutes les fenêtres des maisons particulières donnent sur la cour et seules les boutiques ont des fenêtres sur la rue. Les façades de celles-ci consistent en bois ciselé avec art, représentant toute espèce de monstres et surtout des dragons, souvent aussi des scènes mythologiques ; ces façades sont généralement peintes en rouge avec des dorures et on en voit souvent qui sont entièrement dorées. Les enseignes des boutiques ont de deux à trois mètres et demi de long et de cinquante à soixante-sept centimètres de large ; elles sont suspendues des deux côtés des portes perpendiculairement et forment un angle de 90 degrés avec les murs de la maison afin qu'on puisse les voir de loin. Il n'y a presque pas de rue où il n'y ait, plus ou moins, de maisons en partie ou entièrement en ruines. Comme toutes les balayures et les immondices sont jetées dans les rues, celles-ci forment partout des monticules et des vallées; de distance en distance il y a des trous profonds, de sorte qu'on n'y saurait circuler à cheval sans grande précaution. Partout on est assailli par une affreuse poussière qui obscurcit le soleil et rend la respiration difficile; partout on est poursuivi par une foule de mendiants entièrement nus ou ceints de quelques misérables haillons; presque tous sont lépreux ou couverts d'autres plaies non moins repoussantes; ils demandent à hauts cris l'aumône en élevant leurs mains décharnées au ciel, en s'agenouillant ou en se prosternant sans cesse, et, ce qui me déchire le plus le cœur, c'est que je me trouve dans l'impossibilité de soulager leurs maux, parce que la seule et unique monnaie du pays, c'est une composition d'un tiers de zinc et de deux tiers de plomb ; ces pièces, appelées en chinois « kash, » ont la grandeur et excèdent le poids d'un sou; elles sont percées, au milieu, d'un trou carré par lequel on les enfile sur des ficelles de bambou en formant ainsi des rouleaux de 250 pièces. Mille de ces pièces de monnaie équivalent à une piastre mexicaine ou à six francs, et ainsi on en recevrait plus de huit pour un sou. Vu le grand poids de ces « kash » et leur extrême saleté, on ne peut les emporter avec soi que lorsqu'on est en charette. Tous les gros paiements se font dans les ports en piastres mexicaines ; mais dans l'intérieur du pays cette monnaie n'a pas cours et tous les payements trop considérables pour être faits en « kash » s'effectuent en lingots ou bien en morceaux irréguliers d'argent que l'on pèse.

Partout on voit des chiffonniers presque nus, qui, — un panier sur l'épaule et un petit rateau à la main, — remuent les balayures et les cendres et y ramassent les moindres morceaux de papier et les plus petits morceaux de charbon ; partout des masses de chiens affamés qu'on voit avec horreur dévorer leur propre fumier et celui du cheval lorsque les ramasseurs de ce produit leur en laissent le temps ; partout dans les rues des quantités de ces misérables charrettes couvertes, à deux roues, véritables chars de bourreau, que j'ai déjà décrites et qui tiennent lieu ici à la fois de cabriolets, de calèches et de chariots ; partout on voit ces longues et ingénieuses brouettes chinoises, ayant la roue justement au milieu (au lieu de l'avoir vers l'extrémité comme en Europe), de sorte qu'un homme y transporte facilement six paniers remplis d'eau.

On tresse en Chine des paniers imperméables et on les préfère aux seaux à cause de leur légèreté et de leur bon marché. Partout on entend l'aboiement des chiens, les braiements des ânes et la voix rauque et plaintive des chameaux mongols à la longue laine, dont on voit des files de soixante à soixante-dix parcourir les rues au pas lent et mesuré, attachés les uns aux autres par des cordes de bambou passées à travers les narines.

Partout on voit des criminels portant autour

du cou, et en position horizontale, une planche de 1 m. 33 c. carrés, de sorte qu'ils sont dans l'impossibilité de porter la main à la bouche, et qu'ils sont forcés d'implorer les passants, non-seulement pour qu'ils leur donnent à manger, mais encore pour qu'ils leur mettent la nourriture dans la bouche; sur des écriteaux fixés à la planche sont indiqués leur crime et la durée de leur punition. Outre ces condamnés, dits à la planche, on en voit d'autres auxquels un morceau de fer, du poids d'environ 20 livres, est fixé au bras et à la jambe de telle sorte qu'ils ne peuvent pas marcher sans tenir le poids soulevé au-dessus de leur tête; ils portent sur le dos un écriteau indiquant leur méfait et la durée de leur torture. Ces deux espèces de condamnés peuvent se promener dans la ville aussi librement que le leur permettent leurs instruments de supplice; mais, sous peine de mort, il leur est défendu d'en sortir, ne fût-ce que pour une minute.

Je vis la place d'exécution au milieu d'une grande rue dans la cité chinoise; plusieurs têtes d'hommes récemment coupées, et d'autres dont la coupure paraissait remonter à plusieurs mois, y étaient exposées dans de grandes cages d'oiseau en fer, et un écriteau, fixé au-dessus de chaque cage, faisait connaître la nature du crime qui avait mérité la peine capitale. Je passai auprès d'une troupe de soldats que je ne reconnus comme tels que grâce à leurs armes, car ils portent, comme tous les Chinois, les cheveux tressés en longue queue jusqu'à la cheville, et leurs vêtements sont ceux des simples ouvriers ; mais, à côté d'eux, marchait un homme le sabre nu à la main ; deux carreaux blancs avec des caractères chinois sur la poitrine et le dos, ainsi que le bouton qu'il portait sur son chapeau rond, indiquaient qu'il commandait la troupe et qu'il était mandarin.

Je rencontrai ensuite la pompe funèbre d'un homme qui, évidemment, était distingué par le nombre de ses piastres et non par son rang ; cent-vingt ouvriers (appelés en chinois « koolis ») marchaient deux à deux, tenant à la main de longues perches rouges, au bout desquelles ondoyaient de grandes bannières blanches et azurées avec des broderies représentant des épisodes de la mythologie de Budha; ils étaient suivis par douze musiciens avec des tambours et des gongs (instruments ronds de cuivre, en forme d'assiettes, d'un mètre de diamètre). Ces artistes faisaient une musique funèbre, affreuse à l'oreille; après eux venaient deux ouvriers portant le fauteuil et les habits du défunt, et ces objets semblaient indiquer qu'il avait été simple boutiquier; ensuite venaient soixante-douze koolis, marchant également deux à deux et portant de longues perches à ornements dorés; la procession était terminée par un monstrueux brancard funèbre, peint en rouge, et qui n'avait pas moins de huit mètres de long sur quatre. Il était porté par quarante ouvriers; au milieu du brancard se trouvait l'immense cercueil, qui ne devait pas avoir moins de quatre mètres de long, mais dont je ne pouvais pas distinguer la couleur, parce qu'il était recouvert d'une couverture de soie rouge; au-dessus du brancard se trouvait suspendue une énorme couverture de soie azur avec de magnifiques broderies en or représentant des dragons. Sur la couverture de soie rouge on voyait une masse de papier doré et argenté en forme de petits paquets. De ce même papier on met toujours dans les cercueils, et l'on en entoure aussi les moribonds; on le fait pour tromper le diable qui, pense-t-on, ébloui par l'éclat de l'or et de l'argent, et croyant que ces paquets sont des morceaux de ces métaux, s'y attache et laisse ainsi à l'âme, qu'il allait prendre, tout le temps de parvenir au paradis. La consommation de ce papier est très-grande en Chine, et sa fabrication et son débit occupent des centaines de milliers de mains.

Bientôt après passa à côté de moi une procession de mariage; on portait la fiancée en chaise au domicile de son futur mari; ce n'est qu'à pareille occasion que la loi permet à un simple mortel, à Peking, d'être porté en palanquin. Celui-ci était drapé d'une grande couverture de soie, couleur de rose, avec maintes broderies en or, de sorte qu'on ne voyait point la locataire; mais l'air coquet de la chaise et de la tenture, le luxe des broderies et les belles petites images de déesses, en cadres dorés, qui étaient attachées aux quatre coins de la chaise, — tout enfin indiquait qu'elle devait être d'une grande beauté, c'est-à-dire que son pied devait être des plus mignons. En effet, la petitesse du pied seule constitue la beauté de la femme en Chine, et on trouve une jeune fille marquée de la petite vérole, édentée et à la tête chauve, mais avec un pied de trois pouces et demi de long, cent fois plus belle que celle qui a un pied de quatre pouces et demi, fût-elle, au reste, d'une éclatante beauté selon les idées européennes. Le petit pied est en Chine le fondement des douces espérances de la jeune fille, l'orgueil de la femme mariée et sa consolation dans la misère.

Voici comment les femmes chinoises arrivent à se former ce petit pied qui a tant étonné les voyageurs, et pourtant aucun des auteurs qui ont écrit sur la Chine, ne semble l'avoir vu *nu*, puisque tous en font une description inexacte en prétendant que l'on comprime tous les cinq doigts contre la plante du pied, et que, par suite, tous les doigts croissent ensemble avec la chair et forment avec le pied un moignon difforme.

J'ai réussi à vaincre les obstacles que suscitent les mœurs du pays, et j'ai pu voir à plusieurs reprises des pieds de Chinoises : aussitôt que les enfants du sexe féminin atteignent l'âge d'un an, on leur recourbe les trois doigts du pied à partir du petit doigt inclusivement, et on les attache à l'aide de bandages fortement serrés contre la plante du pied. Cette pression énergique et continue met en saillie l'os du coude-pied et lui donne une cambrure en faisant ainsi ressortir considérablement le talon, de sorte que la femme marche en s'appuyant sur les deux doigts restés libres et sur le talon anormal. Toutefois, il faut remarquer que les trois doigts attachés, quoique restant toujours courbés et comprimés contre le pied, ne croissent jamais ensemble et n'adhèrent pas à la plante du pied. Par suite de cette forte compression continuelle, la jambe pousse en grosseur au-dessus de la cheville, et les aines gonflent démesurément. Le Chinois juge du développement de ces dernières par les dimensions du pied. Il est curieux d'observer que l'opération que nous venons de décrire ne se pratique que parmi les Chinoises et non parmi les femmes mongoles qui habitent la Chine.

Quelque négligée que soit la toilette de la femme, son pied — unique objet de sa coquetterie, — est toujours chaussé avec des prétentions au luxe ; elle l'enveloppe ordinairement dans des fichus de soie aux couleurs vives et le chausse ensuite de petits souliers de soie rouge ou noire, mais avec des semelles de cuir de quatre pouces d'épaisseur et peintes en blanc.

Parmi les nombreuses mendiantes dont les rues du Peking fourmillent, et dont la plupart ne sont vêtues que de quelques haillons, je n'en ai jamais vu une seule qui ne fût convenablement chaussée. Il va sans dire que, ainsi mutilées et chaussées, les femmes vacillent en marchant comme des oies.

Les Chinois ont un penchant inné pour le jeu, et non-seulement il y a dans chaque rue des maisons de jeu où le paisible boutiquier, qui toujours a vaqué à ses petites affaires et a tourné une monnaie de kash deux fois dans la main avant de la dépenser, perd le soir des milliers de piastres avec un imperturbable sang-froid, mais on voit aussi une multitude de petites banques de jeu de différentes espèces en plein air, et une foule d'hommes autour de chacune d'elles.

Un nombre immense de cuisiniers ambulants parcourent les rues ayant sur l'épaule, d'un côté une cuisine portative, de l'autre un panier avec des gâteaux de riz chauds, cuits à l'huile ; comme étrange *épitôme* d'un établissement culinaire, ils tiennent toujours à la main un cylindre de bambou contenant un certain nombre de baguettes, dont chacune porte quelques caractères chinois. Par le bruit qu'ils font en secouant cette espèce de carquois ils attirent l'attention des passants; les amateurs de gâteaux risquent un enjeu de quelques pièces de « kash », retirent une baguette du cylindre et, selon les hiéroglyphes qui s'y trouvent, ils gagnent un repas de deux ou trois gâteaux, ou perdent leur enjeu. La manie du jeu est telle que le pauvre ouvrier est toujours prêt à risquer de payer le double ou le quadruple du prix de sa nourriture pour avoir la faible chance de l'obtenir presque gratis. Mais le jeu ne se borne pas en Chine aux intérêts mondains, on l'emploie aussi pour se rendre les divinités propices et connaître leurs volontés; ainsi je vois partout dans les temples des hommes et des femmes qui en se prosternant devant les idoles prient à haute voix; puis ils prennent à la main des morceaux de bois difformes d'environ neuf pouces de long et de quatre pouces de large, et les jettent quatre fois par terre en regardant chaque fois la position dans laquelle ils sont tombés, puis ils s'approchent des prêtres qui sont dans un coin du temple, derrière une table sur laquelle se trouvent plusieurs cylindres de bambou avec des baguettes aux hiéroglyphes chinois; les dévots donnent quelques « kash » aux prêtres qui secouent les cylindres avec les symboles mystiques et les leur présentent; on en retire trois en regardant avec une vive anxiété les caractères qui y sont indiqués et qui sont considérés comme la sentence des divinités dont on implore la faveur.

Je visitai l'Observatoire, qui est remarquable

par le grand nombre de ses instruments astronomiques en bronze; il y a entre autres un globe céleste de 2 mètres 66 centimètres d'épaisseur. Cet observatoire est hors de service; il fut fondé vers l'an 1620 de notre ère par le savant missionnaire allemand Johann-Adam Schall, natif de Cologne, lequel composa ici le fameux calendrier chinois pour 420 ans, qui a déjà servi au peuple céleste pendant 219 ans et qui luiservira encore pendant 201 ans. Toutes les éclipses solaires et lunaires jusqu'à l'an 2066 y sont indiquées avec la plus grande exactitude, ce qui est d'autant plus étonnant que le grand astronome travaillait sans l'aide du télescope qui est d'invention postérieure.

Je me rendis de là au cimetière catholique qui est à une distance de 16 kilomètres de l'Observatoire, pour y chercher le sépulcre de cet homme illustre. Je le trouvai sans peine, parce qu'il est cinq fois plus grand que tout autre tombeau du cimetière. Les Chinois témoignent leur admiration pour la mémoire des grands hommes non-seulement par la grandeur des monuments funèbres qu'ils leur érigent, mais aussi par la distance plus ou moins grande qu'ils mettent entre le tombeau et la pierre sépulcrale qui porte l'épitaphe, et comme la dernière demeure de l'illustre Schall est éloignée de plus de 10 mètres du monument qui y appartient, tandis que cette distance n'excède 2 mètres pour aucun autre tombeau, on peut juger de la vénération que les vastes mérites du grand savant allemand inspiraient au peuple chinois.

L'épitaphe qui est à la fois en chinois et en latin, donne à la postérité, avec mille éloges, la biographie et le récit des grandes œuvres d'utilité publique dont l'illustre missionnaire et astronome a doté sa patrie adoptive; on y voit qu'il est né à Cologne en 1591 et décédé à Peking en 1666.

Je parcourus ensuite de nouveau la cité impériale et la ville tartare pour me rendre au théâtre dans la ville chinoise. Chemin faisant je passai près de la résidence impériale, qui n'a pas moins de 12 kilomètres de circonférence et qui est environnée d'une muraille de 8 mètres de haut. Personne ne peut y entrer excepté les dignitaires de premier rang attachés à la maison de l'empereur. Il conviendrait mieux d'appeler cet enclos la prison du souverain que de le nommer sa résidence, puisque les habitudes et les mœurs du pays ne lui permettent pas d'en jamais sortir. C'est dans cet enclos et au milieu des mollesses du harem et des adulations des mandarins que l'empereur de la Chine doit acquérir assez d'expérience et de science pour gouverner une population une fois et demie plus considérable que celle de toute l'Europe! Vraiment je crois que c'eût été un grand bienfait pour l'humanité et un grand pas vers la civilisation en Chine, si les Français et les Anglais qui détruisirent en 1860 les palais de Yuen-ming-yuen eussent alors détruit de même la vaste prison impériale de Peking; mais la Providence divine semble vouloir accomplir bientôt ce que les alliés ont négligé de faire en 1860, car la muraille qui ne semble pas avoir été réparée depuis des siècles, paraît vouloir tomber en ruines d'un moment à l'autre.

Je montai sur une tour voisine pour regarder

dans l'intérieur de l'enclos ; je vis le grand palais impérial, qui n'est qu'à un étage, et plusieurs palais moins grands ainsi que des temples, puis de vastes jardins ornés de magnifiques pavillons ; mais tout y paraît au plus haut degré négligé et en décadence ; une folle végétation d'arbres et d'herbes s'est établie parmi les tuiles bleues et vertes des palais, des temples et des pavillons, et il n'y a pas un seul pont en marbre dans les jardins qui ne soit plus ou moins détruit.

Je visitai ensuite les temples de la Lumière, de Confucius, et celui de Lama contenant une idole de 24 mètres de haut, et plusieurs autres. L'architecture de tous ces temples ferait honneur aux plus célèbres architectes de l'Europe, mais tout y est désordre, décadence et souillure. Les vêtements des idoles et les magnifiques broderies dont les murs sont revêtus tombent en lambeaux, les châssis des fenêtres sont en partie brisés, et les papiers qui tenaient lieu de vitres sont partout déchirés ; les briques des murs et les tuiles des toits disloquées par la végétation qui s'y établit, ne sont pas remplacées.

En effet, il est bien triste et bien pénible de voir que la présente race, dégénérée et avilie, laisse tomber en ruines ces monuments grandioses dont la construction a coûté des milliards, et pourtant deux ouvriers attachés constamment à chaque temple auraient suffi pour les tenir en ordre et pour les conserver à une postérité lointaine. Je crois que pour démontrer l'état d'imbécillité et de démoralisation des monarques chinois et de leurs peuples, on n'a besoin d'aucune autre preuve que cette incurie profonde laissant tomber en ruines les sanctuaires de leurs dieux, ces vastes monuments de leurs glorieux ancêtres.

Je parvins enfin à la ville chinoise où m'appelait le théâtre; il y en avait trois dans la même rue; deux étaient combles; je trouvai place dans la galerie du troisième. Deux dragons aux gueules béantes étaient peints sur la grande porte d'entrée. La salle de spectacle est d'une construction bien différente de celle des théâtres en Europe. Au fond de la salle, est la scène sur une plate-forme de huit mètres carrés, sans rideau ni décoration. Les bancs des spectateurs, au lieu d'être placés parallèlement avec la scène, se trouvent rangés en sens inverse, et entre tous les deux bancs est une table de la même longueur que les bancs et de soixante centimètres de large. A une hauteur de trois mètres au-dessus du plancher on voit, des deux côtés de la salle, des galeries où les bancs et les tables sont rangés en sens opposé de ceux du parterre. Tous les bancs étaient occupés par des spectateurs qui paraissaient être en même temps de bons consommateurs, car toutes les tables étaient couvertes de coupes en forme de trompettes contenant de l'eau-de-vie, de théières, de pain, de confitures de différentes espèces, de grains de melons, de grappes de raisin, de légumes, de riz, de pommes, de poires, de pipes, de tabac et de grands rouleaux de cette misérable monnaie de plomb et de zinc qu'on ne peut mettre en poche, je le répète, à cause de son poids et de sa saleté. Je ne vis personne oisif, car les uns mangeaient, les autres buvaient ou fumaient. Il n'y avait que des hommes, parce qu'on trouve indécent, en Chine, qu'une femme honnête aille au spectacle.

La plate-forme, qui sert de scène, est ornée de quatre colonnes de bois couvertes d'hiéroglyphes dorés.

Les comédiens étant fort méprisés dans l'Empire-Céleste, l'usage défend au beau sexe de se vouer à la profession théâtrale; aussi tous les rôles de femmes étaient-ils remplis par des hommes travestis qui, grâce à leur apparence efféminée, à leur abondante chevelure et à leur voix douce, savaient parfaitement imiter les femmes. Les costumes des hommes, ainsi que ceux des femmes, sont en soie rouge, jaune, bleue, verte ou blanche, couverte de magnifiques broderies de soie ou d'or; la coiffure de toutes les femmes resplendit, surmontée de couronnes contenant une masse de morceaux de verre qui, vus de loin, paraissaient être de véritables diamants.

On promène sans cesse sur la scène des bannières de soie de toutes les couleurs et richement brodées.

Pendant le premier quart d'heure, on représenta une scène tragique de l'âge héroïque écrite en vers; la déclamation de l'acteur me parut ne rien laisser à désirer. Vint ensuite une scène dramatique avec chant et musique ; l'orchestre, dont les instruments consistaient en tambours très-plats, en gongs et en une bizarre espèce de violons, faisait un véritable charivari de chats ; les chants aussi ne paraissaient que des cris de nature à écorcher des oreilles européennes. Mais le public en semblait enchanté, et tous les spectateurs ne cessaient de témoigner leur grande satisfaction par leurs cris d'admiration qu'ils accompagnaient du bruit sonore produit par leurs estomacs surchargés de nourriture ; on ne connaît pas, en Chine, l'applaudissement avec les mains.

A la scène dramatique, qui ne dura que vingt minutes, succéda une pièce burlesque, qui fut si admirablement jouée, que, même sans connaître la langue, on pouvait comprendre l'action jusqu'à la fin.

On recommença ensuite à représenter une autre scène tragique. Il n'y a pas d'entr'acte aux théâtres chinois, et une pièce suit l'autre sans la moindre interruption. L'entrée coûte une demi-piastre, et on a la nourriture, la boisson et le tabac gratis.

Mais il s'était fait sept heures du soir, et je n'avais rien pris depuis cinq heures du matin; ma rage de voir Péking l'avait jusqu'alors emporté sur mon appétit; enfin à présent l'estomac réclamait ses droits. Je sortis donc avec Atshon, et nous fûmes assez heureux pour trouver dans la même rue un restaurant, lequel, à part la saleté innée aux Chinois, était assez convenable. Je demandai un bon dîner, et l'hôte vint me questionner pour savoir s'il devait mettre deux nids d'hirondelles dans la soupe, en ajoutant que cela entraînerait un supplément de dépense de deux piastres (environ 12 francs). J'y consentis avec plaisir, car je n'avais jamais mangé de nids d'oiseaux, quoique j'en eusse vu des masses dans l'île de Java.

La soupe occupe dans la gastronomie chinoise la place du dessert en Europe. On me servit d'abord, comme entrée, une sorte de légumes salés et fumés, de la salade, des concombres et une espèce de pâte de fèves assaisonnée d'huile et de petit-lait ; au lieu de couteau, de fourchette et de cuillère, on m'apporta deux baguettes. Mais en vain je m'efforçai de manœuvrer ces instruments, je ne réussis pas à me mettre un seul morceau dans la bouche, et, au risque d'exciter les rires de la multitude de convives qui mangeaient autour de moi, je me mis à retrousser les manches de ma redingote pour manger à l'arabe, quand mon hôte, voyant ma position désespérée, m'apporta un cure-dent; je m'en saisis; la faim accéléra l'action de la main, et je réussis à manger presque aussi vite qu'avec une fourchette.

On me servit ensuite, dans deux coupes, de la volaille et du poisson, — tous deux découpés en petits morceaux et assaisonnés d'une grasse et abondante sauce; on ne me donna pas d'assiette, parce qu'il n'y en a pas en Chine. Je demandai du vin; on me répondit qu'il n'y en avait pas en Chine, et on m'apporta, dans une coupe d'étain en forme de trompette, une eau-de-vie très-forte appelée maigualou (esprit-de-rose). Comme dernier mets fut servie la soupe, dans laquelle nageaient les deux nids d'oiseaux coupés en longues bandes. Faute d'assiette et de cuillère, je suivis alors la manière chinoise en mettant la soupière vaillamment à la bouche et en m'aidant d'une baguette pour approcher de ma bouche les morceaux de nids d'oiseaux. Je trouvai ces derniers sans goût et semblables à une glu de poisson. J'ai vu les Chinois, à Batavia, les manger cuits et assaisonnés de sucre, et je les crois plus appétissants ainsi accommodés. Tant à l'île de Java qu'en Chine, on les mange comme un fortifiant et en outre comme un antidote contre les ravages de l'opium et leurs effets négatifs.

Mon désir de voir la grande muraille de la Chine était aussi vif que mes appréhensions des fatigues de la route ; je me décidai donc à en finir au plus tôt et à passer encore huit jours à Péking, à mon retour. J'envoyai Atshon, le soir même, louer deux charrettes et un cheval de selle pour le voyage à Kou-pa-kou et retour ; et le lendemain, 2 mai, à quatre heures du matin, je pris congé des bons prêtres et me mis en route pour le nord.

Péking est si grand qu'il me fallut plus d'une

heure pour parvenir jusqu'à la porte. Certainement l'enceinte de la ville pourrait contenir une population de plus de sept millions d'âmes, mais je ne crois pas qu'il y en ait plus d'un million. En parcourant les rues de grand matin, je n'étais pas molesté par les mendiants et pouvais ainsi examiner plus à mon aise les objets qui m'entouraient. Je vis souvent, dans les rues, les restes d'anciens pavés de grands blocs de granit blanchâtre; je vis partout les ruines d'anciens cloaques en pierre, des corniches mutilées de colonnes, et d'autres sculptures abîmées et presque entièrement ensevelies dans la boue des rues; je vis bon nombre de magnifiques ponts en granit, mais à moitié en ruines, de sorte qu'on ne pouvait pas les passer et qu'on devait faire un détour pour les éviter; enfin — débris de pavés, ruines de cloaques en granit, corniches de colonnes, sculptures, ponts — tout me prouvait jusqu'à l'évidence que Péking, habité à présent par une race dégénérée et avilie, fut peuplée jadis par une nation grande et ingénieuse, et que de magnifiques rues pavées et propres, de grandes maisons et de splendides palais étaient là où sont à présent de misérables maisons malpropres, à un étage, et des rues d'une saleté si repoussante qu'elles ressemblent plutôt à de vastes cloaques qu'aux rues d'une capitale. Si on a le moindre doute à cet égard, on n'a qu'à jeter un coup d'œil sur les immenses portes et murailles de Péking, dont j'ai indiqué les proportions. Est-ce que de telles portes et de telles murailles ont pu être érigées pour protéger une ville comme celle qu'on voit aujourd'hui? Jamais!

Je continuai mon chemin; Atshon était avec mes bagages dans une charrette, et, loin d'admirer les murailles de Péking ou la vaste campagne, il ne s'occupait d'autre chose que de dormir; moi, j'étais à cheval, et l'autre charrette suivait pour que je pusse m'y asseoir en cas que ma monture me fît défaut, ce qui arriva dès le lendemain vers midi; le cheval, brisé par la fatigue, boîtait, et je fus forcé de l'attacher à la voiture et de me mettre à califourchon sur le timon. Le soleil était torride et j'en devais souffrir beaucoup, quoique je portasse le grand turban arabe.

4.

Enfin, hier à six heures du soir, nous sommes entrés dans la grande ville de Kou-pa-koù, qu'on prétend être la plus propre de toute la Chine. Elle se trouve justement sur la frontière de la Manchourie, dans une vallée entourée de hautes montagnes. L'arrivée d'un étranger y est chose très-rare et fait événement. Si un orang-outang ou un gorille habillé se promenait tout d'un coup sur les boulevards de Paris, il ne pourrait pas être l'objet d'une curiosité plus grande que celle que ma personne excita parmi ces montagnards. A peine eus-je passé la porte de la ville, que je fus entouré et suivi par une foule immense qui m'accompagna à l'auberge et y fit faction dans ma chambre; celle-ci ne pouvait les contenir tous; on escalada les fenêtres et on en déchira les papiers pour me contempler; personne ne pouvait comprendre pourquoi je n'étais pas vêtu d'habits à la chinoise et pourquoi j'avais les cheveux courts au lieu de les porter longs et de les tresser en queue jusqu'à terre. Cependant on m'aurait encore pardonné cette marque de mauvais goût, mais me voir écrire de gauche à droite des caractères inconnus avec un crayon ou avec une plume d'acier (instruments parfaitement inconnus en Chine) au lieu d'écrire avec un pinceau des hiéroglyphes chinois de haut en bas et de droite à gauche, c'était chose tellement inouïe qu'on ne put rassasier ses yeux en contemplant ce miracle. Cette curiosité m'ennuie beaucoup, mais je ne sais comment faire ; je culbute et chasse cinq ou six individus par la peur que je leur inspire en levant mon pistolet non chargé, mais je n'ose pas essayer d'en chasser soixante ou soixante-dix, parce qu'ils pourraient me faire un mauvais parti. Questionné sur le but de mon voyage, Atshon leur a malheureusement dit que c'était de voir la grande muraille; tout le monde s'est mis alors à rire à gorge déployée, parce que personne ne pouvait comprendre comment je pouvais être assez fou pour faire un voyage long et pénible dans le seul but de voir des pierres.

Je dois observer ici qu'il est contre le caractère chinois de se soumettre à la moindre fatigue qui n'est pas d'un besoin absolu, et quand je pris l'autre jour à Canton une embarcation et m'en fis suivre pendant que je nageais dans la rivière, je fus immédiatement suivi par une masse de barques remplies de curieux, qui ne pouvaient comprendre comment je pouvais, sans y être forcé, me soumettre à la fatigue de nager au lieu de rester tranquillement assis dans l'embarcation. La foule ne m'a quitté hier au soir que lorsque je me suis couché et que j'ai éteint ma bougie.

Harassé de fatigue que j'étais, j'ai très-bien dormi sur les dalles de la couchette et je ne me suis éveillé qu'à cinq heures et demie, au bruit de l'entrée d'Atshon, qui portait du thé, du riz, des œufs durs comme la pierre et du sel.

Après avoir pris ce déjeuner, je sortis avec mon guide pour escalader la muraille; une foule immense de curieux aux longues queues me tint de nouveau compagnie dès que je mis le pied dans la rue et elle me suivit même sur la muraille jusqu'à la première pente rapide. Là, la peur de se fatiguer l'emporta sur la curiosité et tout le monde me quitta, excepté Atshon qui m'accompagna cavalièrement jusqu'à la première place dangereuse, à l'endroit où il vit, des deux côtés, des abîmes qui bordaient la muraille ; cette muraille s'étant écroulée il n'en restait que 34 centimètres de large, c'est-à-dire un espace si étroit qu'on ne pouvait s'y tenir solidement qu'en marchant à « quatre pattes ; » dans cet endroit le courage fit défaut à Atshon et il me quitta. Je continuai donc mon chemin tout seul. Je vis qu'à une distance d'environ 8 kilomètres la muraille traversait un très-haut rocher et je voulais l'escalader coûte que coûte ; ce n'était cependant pas chose facile, parce que le passage semblait m'être barré par cinq rochers escarpés, sur lesquels la muraille s'élève sous des angles de 50, 54 et même de 60 degrés ; il y avait en outre encore un col de rocher à traverser sur lequel la muraille s'est presqu'entièrement écroulée et qui est bordé de gouffres des deux côtés. Mais la surface de la muraille, qui consiste partout ailleurs en grandes dalles de 60 à 66 centimètres carrés, est en forme d'escalier partout où les pentes s'élèvent sous un angle de plus de 30 degrés ; en outre, chose étrange, sur toutes les pentes rapides les parapets sont restés, tandis qu'ils ont disparu presque partout ailleurs. Tout ce que j'avais donc à faire en escaladant les pentes rapides c'était de me tenir près des parapets et de ne pas regarder en arrière; je traversai les yeux fermés le dangereux col en marchant à « quatre pattes. »

A force de persévérance j'arrivai enfin sur le rocher objet de mon ambition, mais quelle fut alors ma terreur en voyant que la muraille traversait 2 kilomètres, plus loin encore un autre rocher, lequel était au moins encore de 200 mètres plus élevé et me barrait la vue de l'ouest! Il fallait y parvenir à tout prix et je me mis courageusement à l'œuvre. Je montai plusieurs petites pentes rapides et vins enfin à la grande pente, laquelle ne pouvait avoir moins de 130 mètres de haut et s'élevait sous un angle de 60 degrés; les marches d'escalier qui avaient à peine 3 pouces de large, étaient jonchées de débris, et l'escalade me fut par conséquent plus difficile que toutes les ascensions précédentes ensemble; mais enfin je parvins sur la cime et montai sur le toit de la tour crénelée. Il était midi, j'avais été cinq heures et demie en route. Mais le panorama qui se déroula alors devant mes yeux me récompensa largement des fatigues de mon long voyage et de celles de l'ascension.

La grande muraille est construite en briques cuites par la fumée et non brûlées; elles sont faites de boue mêlée de paille de riz; elles ont 67 centimètres de long, 25 de large et une épaisseur de 17 centimètres. La muraille est dallée en haut de briques de 67 centimètres carrés et d'une épaisseur de 17 centimètres. En plusieurs endroits où les dalles ont disparu je vois qu'on a aussi employé des masses de granit dans l'intérieur. La muraille a, selon les localités, de six mètres et demi à neuf mètres et demi de haut, sans compter les parapets qui ont deux mètres à deux mètres et demi d'élévation : ainsi la hauteur totale en est de huit mètres et demi à douze mètres, son épaisseur est de six mètres et demi à huit mètres en bas et de quatre mètres trois quarts à six mètres et demi en haut.

A une élévation de un mètre un quart il y a dans les parapets de la muraille, à intervalles égaux de 2 mètres 66 centimètres, des embrasures de 2 mètres de large qui semblent avoir servi aux canons, mais l'histoire de la Chine ne nous apprend pas que l'invention de la poudre y soit antérieure à l'ère chrétienne. Dans l'espace d'une embrasure à l'autre il y a toujours deux trous de 33 centimètres carrés. A des intervalles inégaux qui paraissent ne pas être moindres de 100 mètres et ne pas excéder 200 mètres, il s'élève dans la muraille des forts ou des sortes de tours crénelées qui n'en font pas partie, mais communiquent avec elle par des portes ; ces tours ont treize mètres et demi à dix-sept mètres de haut et douze mètres de long et de large ; elles ont des fondations de blocs de granit de 1 mètre 50 centimètres de long, de 67 centimètres de large et d'une épaisssur de 60 centimètres ; elles sont toutes à deux étages et voûtées, et on y voit partout l'arc qu'on considérait en Europe comme d'invention arabe du VIIe siècle de notre ère, tandis que cette muraille fut construite 220 ans avant Jésus-Christ. Mais en écrivant ceci, je me rappelle avoir vu l'arc dans les tombeaux de

Beni-Hassan dans la Haute-Égypte, dont la construction remonte à plus de 2,000 ans avant notre ère; ainsi il se pourrait que les Égyptiens eussent connu l'arc avant les Chinois. A chaque étage des tours il y a douze embrasures de 2 mètres 33 centimètres de haut et de 1 mètre de large; on y voit les trous dans lesquels les gonds ont tourné et c'est un signe évident qu'elles étaient fermées par des fenêtres.

En plongeant la longue vue dans l'espace du côté du nord, je vois par-dessus les montagnes le haut plateau de la Manchourie. Au-dessous de moi, à une profondeur de 900 mètres, je vois une longue et étroite vallée; un fleuve qui vient du nord la parcourt dans toute sa longueur en portant la fertilité aux champs de riz, en décrivant des courbes diverses et en divisant la belle ville de Kou-pa-kou en deux parties, de telle sorte qu'une d'elles est située sur une péninsule; elle envoie un bras de ses eaux limpides dans une vallée à l'est. A œil armé je vois la foule dans les rues et je reconnais Atshon assis sur le seuil de ma porte à l'auberge; je vois les beaux jardins dont la ville est environnée, tout y est couvert de la belle verdure du printemps, excepté les arbres fruitiers qui ne commencent pas encore à pousser. Près de la ville un bataillon de soldats s'exerce à tirer le canon, et les détonations me sont répétées trois fois par l'écho des montagnes. Rien n'égale la beauté des milliers de collines que je vois au-dessous de moi vers le sud, et par-dessus lesquelles je peux plonger le regard dans la plaine de Péking; rien n'est plus sublime que la vue de ces milliers de rochers que je vois au delà de la vallée vers l'est, et qui semblent être bordés par une énorme chaîne de montagnes dentelées en forme de scie.

La grande muraille, en descendant des montagnes dans la vallée, se divise en trois bras d'égale hauteur; celui du milieu traverse la ville, tandis que les deux autres forment autour d'elle un vaste cercle; toutes les trois murailles se réunissent de nouveau sur les hauteurs au delà de la vallée en une seule, qui serpentant toujours en zigzag et recherchant les crêtes des montagnes les plus élevées, aborde enfin la grande chaîne de rochers en forme de scie ; elle escalade lestement le flanc escarpé de cette chaîne et en parcourt toutes les pentes jusqu'à ce qu'elle se perde avec elle dans les nues. A l'aide de la longue vue je peux suivre la muraille à une distance de 60 kilomètres sans tenir compte de ses nombreuses courbes, et, bien que grand nombre de ses tours crénelées échappent à mes regards, j'en compte pourtant plus de deux cent cinquante dans la direction de l'est.

En serpentant toujours en zigzag, la grande muraille parcourt dans la direction de l'ouest une chaîne de hauts rochers, mais je ne puis l'y suivre qu'à une distance d'environ 28 kilomètres ; où une énorme montagne m'empêche d'en voir la continuation.

J'ai vu des panoramas magnifiques du haut des volcans dans l'île de Java et de la cime de la Sierra Nevada en Californie, des sommets des Himalayas dans les Indes et des hauts plateaux dans les Cordillères de l'Amérique du sud, mais jamais je n'ai rien vu qu'on puisse comparer au splendide tableau qui se déroule ici devant mes yeux. Stupéfait et ébahi, plein d'admiration et d'enthousiasme, je ne pouvais m'accoutumer à voir tant de merveilles; cette grande muraille de la Chine dont je n'ai jamais pu, dès ma plus tendre enfance, entendre parler sans éprouver un sentiment de vive curiosité, je la voyais maintenant devant moi cent fois plus grandiose que je me l'étais représentée, et plus je regardais cette immense barrière avec ses formidables tours crénelées recherchant toujours les crêtes des montagnes les plus élevées, plus elle me paraissait l'œuvre fabuleuse d'une race de géants antédiluviens. Mais sachant par l'histoire que cette muraille fut construite environ 220 ans avant notre ère, je ne puis comprendre comment des mains mortelles s'y sont prises pour la bâtir : comment elles ont pu transporter et établir sur ces immenses rochers escarpés les matériaux, les blocs de granit et les milliards de briques qu'elles ne pouvaient jamais fabriquer autre part que dans les vallées. Il me paraît évident qu'on a commencé la muraille dans ces dernières et qu'on a transporté tous les matériaux sur la muraille même au fur et à mesure de sa construction.

Mais, me dis-je, est-ce que cette génération de géants, qui a pu achever au milieu des montagnes escarpées une telle barrière si monstrueusement énorme, avait effectivement besoin d'elle, et les poitrines mêmes de cette race d'Hercules, n'étaient-elles pas la plus formidable muraille qu'elle eût pu opposer à l'invasion de l'ennemi du Nord?

Mais, en admettant qu'on eût trouvé nécessaire de bâtir cette muraille, comment alors a-t-on pu disposer de tant de millions d'ouvriers nécessaires à la fabrication des briques et du ciment, à la taille du granit, au transport des matériaux sur les hauteurs? Comment encore a-t-on pu disposer de tant de soldats pour tenir une garnison suffisante dans les vingt mille tours de cette muraille, laquelle en tenant compte de toutes ses courbes, n'a pas moins de 3,200 (trois mille deux cents kilomètres) de long? Et encore faut-il remarquer qu'elle n'est simple que dans les montagnes et qu'elle est triple dans cette vallée ; de même aussi elle est triple dans toutes les passes qui par la nature du terrain sont difficiles à défendre.

La grande muraille est négligée et abandonnée depuis des siècles ; au lieu des garnisons de guerriers, les tours crénelées sont maintenant habitées par de paisibles pigeons qui y font leurs nids, tandis que la muraille fourmille de lézards inoffensifs, et est couverte de fleurs jaunes et de violettes qui annoncent l'arrivée du printemps. Elle est sans contredit la plus grande œuvre qui ait jamais été accomplie par la main de l'homme ; elle est le monument funèbre d'une grandeur passée et, au fond des abîmes qu'elle parcourt et au milieu des nues qu'elle traverse, elle proteste silencieusement contre la corruption et la démoralisation qui ont fait tomber l'empire chinois, jusque dans son présent état d'avilissement et de décadence.

Avec joie je serais resté sur la tour jusqu'au soir, parce que je ne pouvais rassasier mes yeux de ce magnifique panorama, mais le soleil était brûlant, et une terrible soif me força enfin de quitter cette région inhospitalière. Je descendis la sixième et la cinquième grande pente à reculons en m'appuyant sur les mains et pris ensuite un étroit sentier qui me mena par de nombreux méandres au bas de la montagne; en plusieurs endroits il était tellement escarpé que je devais me coucher sur le ventre, et me laisser glisser; néanmoins j'ai trouvé le moyen de remporter non-seulement ma longue vue, mais encore une grosse brique de 67 centimètres de long, en me liant les deux objets sur le dos.

Arrivé en bas, je remis la longue vue dans ma ceinture et pris la brique sous le bras ; mais à peine entrai-je en ville que je fus de nouveau entouré d'une foule d'hommes, de femmes et de gamins, lesquels, en me montrant du doigt la brique, faisaient suffisamment connaître par leurs exclamations combien ils me croyaient fou de me soumettre à la peine de porter une misérable pierre d'un poids de 50 livres. Je prononçai le mot « shuaiat » (eau), en exprimant par des signes que je mourais de soif; on se hâta de m'apporter de l'eau froide dans un panier sans en vouloir accepter aucune rémunération. Je n'avais pas encore rencontré en Chine un si bel exemple de générosité. Aussi dois-je dire que les habitants de cette ville sont signalés pour leur amabilité, quoique leur curiosité l'emporte sur celle des autres Chinois. Ces montagnards paraissent être à leur aise et, chose étrange, on ne voit pas un seul mendiant dans toute la ville. Celle-ci semble mériter sa réputation d'être la plus propre de la Chine; aussi les vêtements des habitants, quoique d'étoffe ordinaire, ne manquent pas d'une certaine élégance, grâce à leur propreté. Comme partout ailleurs en Chine, les femmes ne semblent être coquettes qu'à l'égard de leurs petits pieds mutilés. La corruption des mœurs n'a pas encore atteint ces montagnards, et hommes, femmes et enfants, tous sont forts et robustes et leurs joues couleur de rose témoignent à la fois de la salubrité du climat et de l'abstinence d'opium. La passion pour ce poison est générale dans les provinces du sud et on n'y voit que des visages livides, privés de toute expression; mais elle diminue au fur et à mesure qu'on s'approche du nord, et déjà à Tientsin et à Peking on ne reconnaît les ravages de ce narcotique que dans les traits d'une faible portion de la population.

L'auberge dans laquelle je trace ces lignes est bonne, c'est-à-dire bonne pour une auberge de Chine. Comme toutes les autres maisons, elle n'a qu'un étage, deux grandes portes et point de fenêtres sur la rue; sur chacune de ces portes se trouve la peinture colossale d'une des principales divinités enluminée de couleurs vives; on retrouve ces mêmes images sur toutes les autres portes de l'établissement. Le corps de bâtiment donnant sur la rue contient la cuisine et sert de réfectoire aux voituriers et en général à la basse classe; vient ensuite la cour dans laquelle il y a, à droite et à gauche, des remises à charrettes; çà et là on voit des crèches pour les bestiaux. Au fond de la cour est une autre maison contenant un appartement de trois pièces et deux petits logements. Chaque chambre a 4 mètres carrés, et une couchette en pierre couverte de grandes dalles en occupe justement la moitié. L'ameublement de chaque pièce consiste en une table et deux tabourets; il y a en outre sur la couchette une table de 33 centimètres de haut et d'un mètre de large à l'usage des chinois, qui sont habitués à prendre leurs repas à demi-couchés; aussi employent-ils ces tables, quand ils inhalent la fumée de l'opium, pour y placer la petite lanterne ainsi que les autres ustensiles nécessaires à la préparation de ce narcotique pour la pipe.

La Chine est le pays des tourbillons, appelés typhons. Le soir de mon arrivée à Peking, le concierge de l'Ambassade anglaise, voyant que le tourbillon, qui s'était soudainement élevé, emportait une toile suspendue devant la porte et attachée à de grosses pierres, s'accrocha à la toile pour la retenir, mais la force du vent enleva et concierge et toile et pierres par dessus la maison; la frayeur lui fit lâcher prise; il tomba et se brisa la cuisse en deux endroits.

LE JAPON

LE JAPON

Yédo, 28 juin 1865.

I

J'avais pris à peine le temps d'écrire les notes qui précèdent, pendant mon séjour à Kou-pa-Kou, sur la frontière de la Manchourie. Je revins aussitôt à Péking, où je m'arrètai encore quelque temps, et étant dégoûté des charrettes chinoises, j'engageai une grande barque pour descendre le fleuve Peiho jusqu'à Tien-tsin. La main d'œuvre est tellement à bon marché en

Chine, que j'obtins ce bateau au bas prix de trois piastres (fr. 18), bien qu'il jaugeât 40 tonneaux et fût tiré ou poussé par huit matelots. Mais si j'avais souffert en voyageant en charrette, je devais souffrir bien davantage encore à bord de cette barque, parce qu'il pleuvait continuellement à verse et que j'étais forcé de rester toujours dans la cabine, grande seulement de 2 mètres carrés et haute de 1 mètre 33 centimètres, et dépourvue de chaises et de table, en sorte que je ne pouvais ni m'y tenir debout, ni m'asseoir; il n'y avait point de fenêtres, mais le plafond consistait en un châssis à coulisse, tendu de papier blanc qui aurait pu laisser passer la lumière dont j'avais besoin; mais à cause de la pluie torrentielle cette fenètre devait rester couverte d'une sorte de porte à coulisse. Pour comble de malheur le vent était toujours contraire, de sorte que les matelots étaient forcés de tirer le bateau à la corde, et que je mis ainsi trois jours pour arriver à Tien-tsin, où je pris passage sur le steamer *Yesso* pour Shangaï.

C'etait un grand et magnifique pyroscaphe,

appartenant à MM. Dent et Ce de Hongkong, qui, en le faisant construire, n'avaient évidemment compté que sur le frêt, car les quatre cabines n'étaient qu'à un lit, tandis qu'on aurait facilement pu y installer quatre passagers. Le prix du passage était de 80 taels (fr. 720), y compris la nourriture et les vins, qui étaient excellents et bien supérieurs à tout ce que j'avais goûté depuis mon départ de l'Europe. Enfin le commandant Robert Hannah Cairns traitait ses passagers avec autant d'égards et d'amabilité qu'il déployait de zèle infatigable dans l'accomplissement de ses devoirs, et le pyrascaphe était si bon marcheur que nous fîmes le trajet de Tien-tsin à Shangai en moins de deux jours et demi, tandis que le bateau à vapeur *Yeun-tze-fee*, appartenant à MM. Trautmann et Ce par lequel j'étais venu de Shangaï à Tien-tsin, avait mis cinq jours à faire la traversée.

Ce qui rend les prix de passage à bord des pyroscaphes si chers dans l'extrême Orient, c'est principalement l'énorme valeur de la houille anglaise qu'on paye souvent à Shangaï lv. 5.

(fr. 125) par tonneau, tandis qu'on l'achète à raison de 10 shellings (fr. 12-50) en Angleterre. Et pourtant la houille abonde en Chine, et il y en a d'immenses gisements de qualité excellente dans les environs ds Péking; en l'extrayant à l'aide de machines à vapeur, on pourrait la fournir à Péking, à moins de 10 sh. (fr. 12-50) par tonneau. Mais les Chinois, qui ont une grande aversion contre toute sorte d'innovation, mais surtout contre les machines à vapeur, continuent à travailler leurs houillères à la main. Aussi, malgré le bon marché de la main-d'œuvre, les frais d'extraction sont si énormes, qu'on ne peut vendre la houille à Péking, au-dessous de lv. 8. (fr. 200) par tonneau. C'est ainsi qu'à Péking, même au centre des plus riches couches de houille du monde, le produit chinois ne peut pas soutenir la concurrence de la houille anglaise, bien qu'on doive transporter celle-ci d'Angleterre par une distance de 18,000 milles anglais à Tien-tsin, et de là, en charrette, ou en bateau sur le Peiho, à Péking.

Le gouvernement chinois, qui croit pouvoir

mieux gouverner ses quatre cent millions de sujets en s'opposant à toute œuvre qui pourrait contribuer à développer leur intelligence, encourage la haine générale contre les innovations en expliquant au peuple que l'introduction des machines à vapeur priverait la classe ouvrière de ses moyens de subsistance. Il se pourrait cependant que tôt ou tard l'extrême pénurie engageât le gouvernement à ouvrir les yeux sur la richesse des houillères et le forçât de les faire exploiter avec des machines à vapeur ; mais dans tous les cas, bien des générations se succèderont encore avant qu'on entende le sifflement de la locomotive dans la vallée de Péking, car, à part l'opposition du gouvernement et l'opinion généralement répandue en Chine que les chemins de fer détruiraient complétement la navigation fluviale et seraient la ruine de la classe ouvrière, il y a encore la *piété filiale* qui oppose une barrière insurmontable à la construction des voies ferrées, parce que seules les villes ont des cimetières généraux, les villages n'en ont point et chaque paysan enterre les morts de sa famille dans son propre champ et leur érige, comme monuments funèbres, de simples tertres de terre en forme conique, dont la grandeur est proportionnée à l'estime qu'il porte à leur mémoire.

C'est ainsi qu'on ne voit pas de champ sans un ou plusieurs de ces cimetières particuliers, où, par la grandeur des tertres coniques, on reconnaît facilement la place que les défunts ont occupée dans l'ordre patriarcal de la famille. Ces sépulcres, appelés en Chine « tombeaux des ancêtres, » sont sacrés, et y porter atteinte, est considéré comme un sacrilège qui entraîne la peine de mort. Quelle que soit la décadence et la dégénérescence en Chine, on ne néglige jamais d'observer les rites prescrits pour les « tombeaux des ancêtres; » deux fois par an, à la fête des morts, en avril et en octobre, on repare et nettoie soigneusement les tombeaux, l'on y fait des offrandes, et comme la superstition du peuple prescrit de brûler, à l'occasion de ces fêtes, pour l'usage des défunts dans le monde des esprits, de l'argent et des habits, ces objets sont toujours, avec une sage économie, représentés par du papier blanc. En voyageant en Chine en avril dernier, je constatais partout ces témoignages de dévotion pour les morts. Comme il y a des tombeaux dans chaque champ, on comprend qu'il serait impossible de construire un chemin de fer, quelques courbes qu'on lui fît décrire, sans troubler *le repos des ancêtres* et sans faire ainsi infraction aux usages sacrés du peuple. En effet, pour cette raison, tout essai d'établir une voie ferrée en Chine entraînerait indubitablement une révolution générale.

II

Le port de Shangai fut ouvert en 1846 ; c'est le plus important des ports obtenus par les traités ; c'est le grand débouché pour les districts de soie et de thé, dont l'exportation monte à plus de cent millions de francs par an.

La ville est située à plus 25 milles anglais de l'embouchure du fleuve Woosung, et à 43 milles de celle du grand Yung-tse-Kiang. Le Woosung est navigable pour les plus grands navires, de sorte que Shangai jouit de tous les avantages d'un port de mer, et met l'Europe en relation avec une vaste partie de l'Empire chinois. Mais la vie y est très-pénible ; d'abord on ne peut se baigner dans le fleuve sans se noyer, puisqu'à cause des fortes marées il y a toujours dans le Woosung un courant supérieur et un courant inférieur en sens opposé, et qu'il n'est encore jamais arrivé qu'un matelot tombé dans l'eau ait reparu ; en second lieu, l'eau crue est parfaitement impotable si l'on n'y mêle du cognac, dont l'emploi constant énerve le corps ; en outre, le climat y est très-malsain, car la ville est environnée de marais dont les exhalaisons empestent l'air et engendrent le choléra, les fièvres pernicieuses, la dyssenterie et la petite-vérole. Malheur à celui qui est atteint d'une de ces deux dernières maladies, car il est très-rare qu'on s'en sauve.

Le 28 mai à onze heures et quart du soir, je visitai, en compagnie de M. Michel, propriétaire de l'hôtel des colonies que j'habitais, le grand théâtre chinois à Shangai ; nous dûmes payer une piastre chacun et une piastre et demie pour les trois domestiques que nous avions pris avec nous. Ce spectacle commence à onze heures et demie et ne finit qu'à cinq heures et demie ou six heures du matin.

La grande salle, de 27 mètres de large et de trente mètres de long, était illuminée d'une soixantaine de lanternes de corne ou de verre et d'une vingtaine de candelabres munis de grandes chandelles de suif rouge, qui avaient deux pouces d'épaisseur en haut, et diminuaient si rapidement, qu'en bas elles n'en avaient plus que la moitié d'un. Autour de chaque lanterne, étaient suspendus six glands de soie rouge, de 75 centimètres de long. Il y avait au parterre six tables, entourées chacune de dix chaises; puis de chaque côté, une rangée de douze fauteuils et deux galeries dont chacune contenait trente-six chaises. Au fond de la salle, étaient deux rangées de quarante-quatre chaises, et derrière elles, des bancs et des canapés pour vingt-deux personnes, puis une galerie de vingt-deux chaises et des canapés pour les fumeurs d'opium. Ainsi, le théâtre pouvait contenir trois-cents-vingt personnes; mais les spectateurs n'arrivèrent que peu à peu, et la salle ne fut pleine que vers une heure du matin

Dans le prix d'entrée, sont invariablement comprises la nourriture et la boisson, et aussitôt que nous prîmes place, les garçons de service mirent devant nous sur la table des coupes à couvercle contenant du thé vert, sur lequel ils versèrent de l'eau chaude; des vases, en forme de trompette, contenant du *santsiou* (espèce d'eau-de-vie qu'on extrait du riz), des bibous (petit fruit jaune semblable aux pommes), des badjis, (sorte de châtaignes de terre, blanches comme la neige, mais à l'écorce noire, qu'on mange crues), de petits biscuits de la grandeur d'une pièce de deux sous, du sucre-candi, des graines de melon et des gâteaux. Tous les quarts d'heure, deux domestiques distribuaient à chacun des spectateurs un essuie-main d'étoffe de laine trempé dans de l'eau chaude, pour se sécher la figure et les mains de la transpiration, et ils revenaient toujours quelques minutes plus tard pour les reprendre. Chaque quart d'heure, des domestiques, une bouilloire à thé à la main, faisaient la ronde des spectateurs pour remplir leurs coupes vides; on remplissait aussi les vases de santsiou et les jattes de bibous, de badjis, de biscuits, de sucre-candi, de grains de melons et de gâteaux à mesure qu'on en consommait, de sorte qu'il n'y avait pas moyen de se plaindre à ce théâtre, ni d'un manque d'essuie-mains pour se rafraîchir la figure, ni d'une absence de boisson, ni d'un besoin de nourriture.

Au commencement, il n'y avait point de femmes parmi les spectateurs, mais de minuit à une heure du matin, vinrent peu à peu une trentaine de jeunes filles de l'âge de douze à seize ans, vacillant tellement en marchant, qu'il leur fallait être soutenues par les *mamans cooli* [1] qui les accompagnaient. Apparemment, elles vacillaient si fort pour faire croire que leurs pieds étaient des merveilles de petitesse, et elles ne semblaient être venues au théâtre que pour déployer leurs charmes ; toutes étaient richement habillées ; les unes portaient les cheveux en longue queue ornée de rubans rouges, descendant jusqu'à la

1. *Mamans-Cooli*, ainsi sont appelées en Chine les vieilles servantes qui massent leurs maîtresses et leur servent de coiffeurs et de conducteurs.

cheville ; les autres les portaient — à l'instar des femmes mariées, — en forme de navire, et embellis d'ornements de toute espèce. Il n'y avait pas d'affiches, mais un homme, qui semblait appartenir à la troupe des comédiens, montra à chacun des spectateurs un morceau d'ivoire de 90 centimètres de long et de 14 de large, sur lequel étaient notées au pinceau les pièces théâtrales qu'on se proposait de représenter la nuit ; mais il présenta en même temps un livre avec 150 feuilles de soie bleue, sur lesquelles étaient indiquées trois cents pièces que les acteurs connaissaient, et chaque spectateur avait — en payant un extra d'une piastre — le droit de choisir celle qu'il désirait et de la faire représenter au lieu d'une de celles qui étaient indiquées sur l'ivoire.

En effet, il se trouva en peu de minutes huit marchands chinois aux longues queues de cheveux, qui, en payant huit piastres, firent changer les huit pièces du programme contre six comédies et deux drames de leur choix.

Les comédies étaient des pièces burlesques en vers, de l'âge héroïque, et on les jouait admirablement. Je crois même que, excepté les Japonais, aucun autre peuple n'excelle autant que les Chinois dans l'art de représenter des bouffonneries. Sans doute la grande richesse des costumes en soie brodés en or, dont les comédiens chinois sont toujours revêtus, même dans les plus petites pièces, contribue beaucoup à donner de l'éclat à leurs représentations, mais ce qui mérite la juste admiration de tout le monde, c'est leur merveilleuse mémoire, laquelle les met à même de représenter des centaines de pièces sans aucune nouvelle préparation et sans l'aide d'un régisseur et d'un souffleur, dont les comédiens, en Europe, ne peuvent se passer, mais qui sont des personnages parfaitement inconnus en Chine.

Tant la mise en scène que les costumes me plurent ici beaucoup mieux qu'à Péking, où l'extrême saleté de la salle diminuait du reste un peu la valeur de la représentation. On joua des pièces dramatiques avec chant et musique et elles provoquèrent de toutes parts des exclamations de vive satisfaction, mais je ne sais pas trop si le chant ou la musique était la cause de l'expression de l'enthousiasme public. Dans tous les cas, je dois faire observer, que tant chant que musique me prouvaient de nouveau jusqu'à l'évidence, que le peuple chinois n'a pas la moindre conception ni d'harmonie ni de mélodie. L'orchestre, qui se composait d'un « gong » (instrument de cuivre en forme d'un immense plat), d'une espèce de violon, d'une flûte, d'un tambour et d'un instrument de bambou muni d'une masse de petits tubes, faisait un vacarme enragé qui dépassait toute description. Et pourtant la musique est un art en Chine et il y a des maîtres de profession, qui l'étudient avec la même attention et le même zèle qu'on le fait dans le monde civilisé, et qui — comme le font beaucoup de leurs grands collègues en Europe, tâchent de suppléer, par la dissonance et par le grand bruit, ce qui leur manque en musique et en mélodie.

En Chine les voiles des « jonques » (navires) sont invariablement des nattes de bambou, qui ont souvent une longueur de 24 mètres, et on en voit même de 25 mètres de long. On les étend et on les retrécit avec grande facilité au moyen d'une énorme quantité de perches de bambou fixées horizontalement sur toute la longueur de la voile et à des intervalles égaux de quarante centimètres. Toutes les « jonques » sont armées de six à quatorze canons, et on en voit souvent qui en ont jusqu'à vingt. Elles ont un nombreux équipage, toujours prêt à commettre des actes de piraterie aussitôt que l'occasion se présente; elles sont généralement munies de cette arme formidable appelée « *stinkpot* » faite de terre cuite en forme de cruche et remplie de fusées et de matières d'une odeur tellement fétide, qu'elle suffoque au moment de l'explosion tous ceux qui se trouvent trop près. Les pirates tâchent donc toujours, avant d'attaquer un navire, de lancer un de ces pots par une des fenêtres dans la cabine pour se débarrasser en une fois de ceux qui pourraient s'y trouver. S'ils n'y parviennent pas, ils les lancent du haut des mats de leurs « jonques » sur le pont du navire avant d'y engager la mélée.

Une jonque de pirates avait ainsi, la veille de mon départ de Hongkong, capturé un brick Danois à la sortie du port et à une distance de douze kilomètres de la ville. Après avoir tué le capitaine, mortellement blessé le premier officier et garrotté le reste de l'équipage, les pirates avaient débarqué dans leur jonque environ quinze cents picols de riz, puis perforé le navire et jeté les marins garrottés dans la cale pour qu'ils s'enfonçassent avec lui. Mais aussitôt qu'ils furent partis, les marins réussirent à se dégager de leurs liens, à boucher les trous et à amener le navire dans le port de Hongkong.

Je regrette d'avoir à dire que les jonques de pirates les plus à craindre sont celles qui ont des Européens pour chefs, parce que l'audace de ceux-ci ne connaît pas de bornes. Par exemple, deux jonques chinoises avec de nombreux équipages, commandées par des Européens, attaquèrent, il y a quelques mois, à trois heures du matin, dans le port même de Hongkong, un grand navire espagnol, qui venait de prendre à bord des espèces pour Manille, et qui se trouvait environné de bâtiments anglais. En un clin d'œil plus de deux cents pirates se ruèrent sur le pont du navire, dont l'équipage ne se composait que de vingt hommes. Mais ceux-ci — grâce à leur extrême dextérité à manier le poignard — réussirent à tuer dix-sept pirates et à soutenir pendant une heure et demie un combat si inégal. Sur tous les navires à l'entour on entendait les appels au secours des Espagnols, mais on ne les comprenait pas et l'on croyait qu'ils se querellaient entre eux, parce que personne ne pouvait croire que les pirates poussassent l'audace jusqu'à attaquer un navire dans le port même et au milieu d'une flottille de bâtiments et de canonnières ; aussi ne vint on point en aide aux Espagnols. Mais à l'aube du jour les pirates s'enfuirent sans avoir atteint leur but et sans avoir fait d'autre mal que de blesser un matelot. On peut toujours compter, que, sur dix navires qui quittent le port de Hongkong et qui se perdent, neuf sont dévalisés et perforés par des pirates.

Je pris, à Shangaï, passage dans le pyroscaphe Peking, qui appartient à la compagnie Peninsulaire et Orientale de navigation à vapeur, pour Yokohama au Japon, et je dus payer 100 taels (fr. 900) pour un trajet qu'on fait avec un bon bateau à vapeur facilement en trois jours.

Après un voyage des plus agréables nous arrivâmes le 1er juin à six heures du matin en vue de la première petite île rocheuse du Japon, que je saluai avec un vif plaisir, car tous les voyageurs m'avaient parlé de ce pays avec un tel enthousiasme que je brûlais du désir de le visiter.

A dix heures du matin nous passâmes tout près du volcan isolé, d'*Ivogasima,* qui a une hauteur de 833 mètres et qui était en pleine éruption. Une fumée épaisse sortait du grand cratère supérieur du cône, tandis que, d'un second cratère, qui s'était formé sur le flanc Est, coulait un large torrent de lave brûlante, lequel se précipitait à environ 4 kilomètres de là dans la mer et la faisait bouillir à une grande distance. L'éruption était accompagnée d'un bruit sourd souterrain semblable au tonnerre lointain.

Le bruit des roues de notre pyroscaphe effarouchait toujours les poissons volants, qui s'élançaient continuellement en masse hors de l'eau ; volaient 200 à 600 mètres et retombaient dans l'eau ; vus de loin ils ont toute l'apparence d'oiseaux aquatiques. Parfois quelques-uns tombaient même sur le pont de notre bateau, qu'ils voulaient fuir, et étaient avidement capturés par nos matelots, parce qu'ils sont deux fois plus grands que les bons harengs hollandais et d'un goût exquis. On en mange beaucoup en Chine et au Japon.

De midi à sept heures nous côtoyâmes la magnifique île de Kiusiu, dont les rivages montagneux étaient couverts d'une riche végétation d'arbres de la zône tropique.

L'équipage de notre pyroscaphe se composait de Chinois, de malais, de lascars (Hindoas des environs de Bombay), d'indigènes de Manille, d'Anglais, d'Arabes de Moka et de nègres africains de Zanzibar ; ces derniers étaient exclusivement consacrés au service des fourneaux, parce que, nés sous le soleil brûlant de l'Afrique centrale, ils peuvent supporter pendant des heures entières une chaleur de 65 degrés et demi centigrades dans le couloir des fourneaux. Nous avions dix-huit passagers de première classe, qui représentaient presque tous les pays de l'Europe.

Le 3 juin vers dix heures du matin, nous vîmes à une distance d'environ 150 milles anglais le fameux volcan Fusiyama, qui a une hauteur de 4725 mètres et qui élève bien au-dessus des nues son sommet couvert de neiges éternelles ; c'est la montagne sacrée des Japonais qui s'y rendent de toutes parts en pèlerinage. Nous pouvions observer ce volcan plus distinctement à fur et à mesure que nous nous approchions de Yokohama, d'où il n'est distant que de 80 milles.

Nous entrâmes à quatre heures entre les caps de *Souvaki* et de *Sagami* dans le vaste golfe de Yédo, qui a 34 milles de long, et à dix heures du soir nous jetâmes l'ancre sur la rade de Yokohama.

Le lendemain matin je me levai de bonne heure pour aller à terre et en montant sur le pont, je n'eus aucune peine à me convaincre que je n'étais plus en Chine, parce que, au lieu de la masse d'embarcations sales et peintes à l'huile, avec deux grands yeux à la proue, qui entourent en Chine les pyroscaphes nouvellement arrivés et qui sont invariablement ramées par deux femmes portant de petits enfants dans une espèce de sac sur le dos, ou par un homme à la chevelure tressée en queue jusqu'à la cheville, et par une femme portant un petit, il n'y avait qu'une seule barque montée par deux robustes Japonais, qui n'avaient pour tout habillement qu'une très-étroite ceinture, laquelle indiquait à peine leur intention de s'habiller ; mais tout leur corps, du cou jusqu'aux genoux, était tatoué avec art de dragons, de tigres, de lions et de divinités des deux sexes en couleur rouge et bleue, de sorte qu'on pouvait dire d'eux ce que Jules César disait des Bretons : « S'ils ne sont pas vêtus, ils sont du moins bien peints. » Leur coiffure différait également beaucoup de celle de leurs voisins de l'Empire Céleste, car ils avaient la tête rasée, du front jusqu'au sommet, sur un espace de trois pouces de large, et le reste de la chevelure abondamment pommadée, mais non tressée, était lié ensemble à l'aide d'un ruban blanc, puis courbé de deux pouces et demi en arrière et ensuite recourbé et attaché avec le même ruban sur le sommet de la tête, de sorte que cette queue restait en forme de tuyau justement au milieu de la place rasée et se terminait à un pouce du front.

C'est la coiffure du pauvre batelier et portefaix et du plus riche Daïmio (prince féodal japonais) et il n'y a pas d'autre coiffure pour les hommes au Japon.

L'embarcation n'était pas peinte, puisque —

chose étrange — les japonais ne peignent jamais ni leurs barques, ni leurs navires et — en parfaite opposition à l'expérience acquise dans tous les autres pays du monde — ils prétendent que les bateaux se conservent mieux sans être peints. Il manquait en outre à l'embarcation les deux yeux que les Chinois n'oublient jamais de mettre à l'avant de leurs bateaux « jonques ». Je m'y embarquai avec mon bagage, et les deux hommes naviguèrent à l'aide de très-longues rames, ajustées sur de petits pivots, qui se trouvaient fixés à l'extrémité de traverses ; ces rames étaient en outre attachées avec des cordes au fond de la cale, et les bateliers les mouvaient longitudinalement derrière le bateau, de sorte qu'ils n'avaient pas besoin de gouvernail.

Ils me conduisirent à un des môles et en levant quatre doigts et en prononçant le mot : « Tempo » ils m'indiquèrent qu'il leur fallait quatre tempos (13 sous) pour leur travail, ce qui m'étonna beaucoup, car ce n'était que le juste prix, tandis que j'étais accoutumé en Chine à ce que les bateliers ou batelières me demandassent au moins quatre fois plus qu'il ne fallait et à considérer leur mécontentement et leurs protestations comme faisant partie de leur métier.

A peine fus-je arrivé que deux *coolis* (portefaix) s'empressèrent de fixer mes effets sur des perches de bambou pour les emporter; mais en regardant ces hommes je vis par les nombreuses plaies dont leurs corps et particulièrement leurs mains et leurs jambes étaient couverts, qu'ils avaient la gale au plus haut degré. Je les chassai donc, mais en vain en cherchai-je deux autres qui ne fussent pas infectés de maladies de peau; il y avait sur le môle une foule de « *coolis* » mais tous souffraient d'un mal cutané. Après une demi-heure d'attente, j'obtins deux hommes qui n'étaient pas malades et qui portèrent mes effets à la douane. C'était dimanche, mais les Japonais ne connaissent pas ce jour de fête et leur douane était ouverte. Deux officiers douaniers vinrent, un sourire sur les lèvres, à ma rencontre en disant « Ohaïo » (bonjour) en s'inclinant presque jusqu'à terre et en restant une demi-minute dans cette attitude. Ils me firent ensuite signe d'ouvrir les bagages, afin qu'ils les examinassent, et comme c'est un travail très-pénible, j'offris à chacun d'eux un Itzebou (deux francs et demi), s'ils voulaient m'en dispenser ; mais à mon étonnement ils refusèrent d'accepter en se touchant la poitrine et en disant : « Nipon Musko » (homme japonais), ce qui signifiait qu'un japonais juge au-dessous de sa dignité d'homme de manquer à son devoir moyennant une gratification. Je dus donc ouvrir mes malles, mais, loin de me chicaner, ils se contentèrent d'une révision superficielle, et se montrèrent en un mot très-complaisants et très-aimables, et me dirent « Saïnara » (à Dieu) avec une nouvelle profonde révérence.

Je me rendis de là à l'hôtel des Colonies avec les deux coolis qui portaient mon bagage. Cet hôtel est situé au milieu d'un jardin de *camélias doubles*. Cet arbre est originaire du Japon, où on le trouve en masse dans les jardins, tandis qu'on rencontre partout dans les forêts et dans les haies bordant les chemins le *camélia simple* ou sauvage, qui porte un fruit avec lequel on prépare une huile à cheveux très-fine. Les camélias doubles n'arrivent qu'à une hauteur de 3 à 7 mètres et fleurissent en mars et avril, tandis que les camélias simples fleurissent en décembre et en janvier et atteignent une hauteur de 8 à 13 mètres ; j'en ai vu même avec une tige d'une épaisseur de 12 pouces.

Après m'être installé dans mon nouveau logement à l'hôtel des Colonies, je me mis à parcourir la ville de Yokohama, qui était encore en 1859 un petit village de pêcheurs et qui a à présent 14,000 habitants. Les rues sont toutes macadamisées, ont 10 à 20 mètres de large et sont alignées de maisons en bois à deux étages, aux toits de tuiles bleuâtres, et dont le rez-de-chaussée est toujours entièrement ouvert sur la rue, pendant le jour, et refermé le soir par de grosses planches. Mais de temps en temps on rencontre des maisons en « *pisé* » parfaitement à l'épreuve du feu et qu'on construit de la manière suivante : On bâtit d'abord une maison en bois et l'on couvre ensuite, tant les murs que le toit, d'une couche de boue mêlée de paille ; aussitôt que cette première couche est séchée, on en met une deuxième, puis une troisième, une quatrième, une cinquième, et ainsi de suite jusqu'à ce que les murs aient une épaisseur de 50 à 70 centimètres, et le toit de 17 centimètres ; on couvre ensuite le toit de tuiles de terre cuite d'une grande solidité et l'on revêt les murs de colle et de papier, puis d'une laque végétale noire. De la même manière on prépare les portes et les volets, et il n'y a pas d'exemple qu'une telle maison ait pris feu, même au milieu du brasier de l'incendie des maisons contiguës. Dans les jointures des poutres et des traverses on laisse toujours une certaine largeur, pour qu'elles puissent se mouvoir et s'étendre pendant les tremblements de terre, qui sont au Japon d'une fréquence épouvantable ; — il y en eut six pendant un mois et l'on dit qu'il y en a souvent deux dans un jour.

A cause de ces tremblements de terre il n'y a pas une seule cheminée dans tout le Japon ; mais les indigènes, n'en ont absolument pas besoin, puisque, en préparant leur peu de riz, ou en faisant bouillir l'eau pour leur thé, ils font sortir la fumée par les portes ou les fenêtres à coulisse, qui sont constamment ouvertes des deux côtés, pendant le jour. Ainsi, en passant dans la rue, on peut toujours observer les Japonais dans les détails de leur vie domestique, et voir le petit jardin à fleurs, orné d'*arbres nains*, qui se trouve inévitablement derrière chaque maison, parce que chaque Japonais est « dilettante » ès-art horticole. Toute demeure japonaise pourrait servir de modèle de propreté ; le plancher est toujours élevé d'un pied au-dessus de la rue et couvert de belles nattes de bambou de deux mètres de long et d'un mètre de large, qui servent à la fois de chaises, de canapés, de sophas, de tables, de bois de lit et de matelas, dont les Japonais ignorent l'usage et même l'existence. En effet, les maisons japonaises sont absolument dépourvues de toute espèce de meubles, et à peine trouve-t-on dans une chambre de derrière une petite cuisine portative d'un mètre de long, de 60 centimètres de large et d'autant de haut, semblable à un réchaud, qui suffit parfaitement pour préparer le repas frugal de la famille. Pourtant, dans les parois latérales, il y a des portes à coulisse et derrière elles des planches horizontales sur lesquelles on met les plateaux, les coupes et les oreillers.

Le mets principal est toujours le riz qui remplace le pain inconnu aux Japonais et qui est d'une qualité excellente, et même de beaucoup supérieure au riz de Caroline. Aussitôt que le riz est assez cuit, la maîtresse de la maison l'apporte dans une grande jatte de bois laqué quelle met sur les nattes au milieu de la chambre; elle y ajoute une jatte avec du poisson, cuit à la sauce piquante, une autre avec du poisson cru, dont les Japonais sont grands amateurs; elle apporte ensuite, au lieu de cuillères, de couteaux et de fourchettes, des baguettes de bois laqué, de 30 centimètres de long, et, au lieu d'assiettes, des jattes rouges de bois laqué, dont chacune est invariablement ornée de dessins dorés du volcan sacré de Fusigama ou de cigognes, car cet oiseau — comme emblème de longévité et de félicité — est également considéré comme sacré. Toute la famille se met alors sur ses talons autour du repas ; chacun prend une jatte et la remplit, à l'aide de deux baguettes, de riz et de poisson et, en manœuvrant ensuite les baguettes d'une main expérimentée, il mange avec elles beaucoup plus vite et avec beaucoup plus de grâce que nous ne saurions le faire avec nos fourchettes, couteaux et cuillères d'argent. Le repas fini, la femme enlève les jattes et les baguettes qu'elle nettoie et replace dans les armoires cachées derrière les portes à coulisse des parois latérales, et ainsi, dans quelques moments, toute trace du repas a disparu, puisqu'il n'y a ni chaises à replacer, ni nappes à ôter, ni tables à remuer, ni serviettes à ployer, ni verres à rincer, ni couteaux, fourchettes ou cuillères à nettoyer, ni assiettes, plats, saucières, terrines, tasses ou cafetières à laver, pour la simple raison qu'aucun de ces objets n'existe au Japon. Le soir, vers neuf heures, tout le monde se couche ; les mêmes nattes sur lesquelles la famille a passé la journée, lui servent encore à la fois de bois de lit, de matelas et de draps, et on n'y ajoute que l'oreiller, qui consiste en un morceau de bois laqué, en forme de berceau en miniature, ayant 12 pouces de long, 7 pouces de large par le bas et 4 pouces de large par le haut, tandis que la hauteur est de 6 pouces.

Sur le haut de cet oreiller, il y a un creux d'un pouce, où on met un tout petit coussin de papier. Les femmes, aussi bien que les hommes, en se couchant, ont soin de n'appuyer sur cet oreiller que la nuque, afin de ne pas endommager leur belle coiffure, laquelle doit être conservée jusqu'à l'arrivée du perruquier, qui ne vient pas toujours de bonne heure, vu qu'il a une nombreuse clientèle à soigner.

Le Japonais peut rester assis toute la journée sur ses talons sans se fatiguer le moins du monde, et, dans cette position il fait toutes ses écritures sans jamais sentir le besoin d'une table pour y apppuyer son papier ou ses livres. Rien de plus curieux que de voir ainsi dans les comptoirs de la douane vingt-cinq ou trente commis assis sur leurs talons, en deux longs rangs au milieu des salons, écrivant au pinceau avec une grande rapidité dans les livres, de haut en bas et de droite à gauche.

En Europe, nous rivalisons de luxe avec nos voisins dans les buffets et les chiffonniers, les armoires et les bois de lit, les tables et les chaises, et tant d'autres meubles qu'on croit de première nécessité, qui exigent toujours des logements plus ou moins vastes, une foule de domestiques, un capital pour les acheter et d'énormes dépenses annuelles. C'est notre ameublement, la rivalité de luxe qu'il engendre et les grands frais qu'il provoque, qui rendent le mariage si difficile en Europe, où personne ne croit pouvoir se marier, s'il n'est pas assez riche pour subvenir aux besoins de la famille. Et pourtant on reconnaît ici, au Japon, que presque tous les besoins, que nous considérons en Europe comme impérieux, sont d'origine artificielle, que le riche ameublement, dont nos chambres sont encombrées, n'est nullement nécessaire, qu'aucun de nos meubles ne nous est utile que parce que nous y sommes habitués dès l'enfance, et que nous pourrions très-bien nous en passer tout à fait et vivre parfaitement aussi bien que nous vivons à présent, si seulement nous pouvions parvenir à nous accoutumer à nous asseoir sur nos talons et à employer les belles nattes du plancher comme chaises et comme tables, comme canapés et comme lits. Quel encouragement serait alors donné au mariage, si par l'adoption de ces belles habitudes japonaises les parents étaient dispensés de la nécessité de pourvoir à l'établissement de leurs enfants!! Une petite cuisine portative qu'on emporte facilement sous le bras, et qu'on achète pour 3 itzebous (fr. 7 50), quelques jattes de bois laqué, une théière, deux oreillers en bois, quelques habits et huit nattes de bambou : voilà tout ce dont les nouveaux mariés au Japon ont besoin pour s'établir dans leur nouvelle demeure, composée de deux pièces de 4 mètres carrés. On prétend que la cherté ou le bon marché de la vie dans un pays est toujours exactement indiqué par la valeur de la plus petite monnaie en circulation ; s'il en est ainsi, la vie au Japon doit être à très-bon marché, car l'itzebou vaut ici 16 tempos et le tempo 100 pièces de « *kash*, » de sorte que 640 monnaies de « *kash* » équivalent à un franc; et ces pièces de « *kash* » ne sont pas une valeur imaginaire, mais une monnaie réelle.

Le costume des femmes japonaises est l'habillement le plus *anti-crinoline* que j'aie jamais vu, puisque par dessus une robe de coton, en forme de chemise, elles ne portent qu'un long vêtement de couleur vive et généralement bleu-clair, ouvert sur le devant et en forme de robe de chambre d'homme, qu'elles serrent tellement autour du corps à l'aide d'une ceinture, qu'il les embarrasse dans leur allure et la rapidité de leur marche.

Cette ceinture, consistant en une très-longue pièce d'étoffe doublée, est invariablement ajustée de manière qu'elle forme sur le dos un immense nœud qui ressemble à une giberne. Les femmes vont toujours pieds nus et portent seulement des sandales de bois de 4 pouces et demi à 5 pouces de haut qui sont fixées à l'orteil. On rase la tête des enfants du sexe féminin sur un espace de trois pouces entre le front et le sommet de la tête, mais de telle manière que la tonsure ne commence qu'à un pouce et demi du front. La plupart des femmes laissent croître leurs cheveux quand elles sont arrivées à l'âge nubile, mais il y en a beaucoup qui continuent à se faire raser la place indiquée même lorsqu'elles sont mariées. Le jour du mariage, toute femme s'arrache soigneusement tous les poils des sourcils et *se teint les dents en noir*, à l'aide d'un vernis végétal ; elle continue cette opération deux fois par semaine, pendant toute sa vie et même en état de veuvage. Dans la coiffure les femmes sont très-prodigues d'une puissante pommade faite de l'huile du fruit du camélia simple, et elles savent imprimer à leur chevelure une forme magnifique sans la tresser. Mais ce ne sont que les femmes pauvres qui se coiffent les unes les autres ; celles qui sont un peu à leur aise font faire tous les jours leur coiffure par un perruquier de profession, qui se contente d'un tempo (16 centimes) pour cette opération.

Le seul ornement que les femmes portent consiste en de longues épingles à cheveux à têtes de corail ou de petites boules de verre creux, remplies d'eau, dans laquelle nagent des paillettes d'or.

J'ai déjà décrit la coiffure des hommes : ils se la laissent refaire tous les jours par un perruquier de profession, après s'être fait «*shampouer*» (laver la tête); ils portent, comme les femmes, une espèce de chemise d'étoffe de coton colorée, et là-dessus. un long vêtement en forme de robe de chambre avec une étroite ceinture de cuir; ils ne portent pas de pantalons, vont pieds nus et se chaussent de sandales qu'ils fixent à l'orteil. Ces sandales sont de bois en temps pluvieux, et de paille ou de bambou quand il fait sec. Il n'est permis qu'aux employés du gouvernement et aux militaires de porter des pantalons. Tous ceux qui mettent des pantalons se chaussent d'une espèce de chaussettes de coton bleu foncé, en forme de gants pour pouvoir s'attacher les sandales à l'orteil.

Les foulards ou mouchoirs de poche sont inconnus au Japon, et tant les hommes que les femmes ont dans les manches *pagodes* de leurs habits une sorte de poche dans laquelle ils portent une espèce de papier brouillard pour se moucher; ils accomplissent cette opération avec beaucoup de grâce; et lorsqu'ils la font dans leur maison, ils jettent le papier au feu de la cuisine; mais quand ils se mouchent en société, ils plient le papier soigneusement, cherchent des yeux un domestique pour le faire jeter dehors, et, s'ils n'en trouvent pas, ils le mettent en poche pour le jeter quand ils sont sortis. Ils sont dégoûtés de nous voir porter plusieurs jours le même mouchoir de poche!

Les « coolis » et portefaix, ainsi que les « bettos » (palefreniers) ne portent pour tout habillement qu'une étroite ceinture ou un habit bleu-foncé aux grands hiéroglyphes rouges ou blancs sur le dos; la plupart d'entre eux sont abondamment tatoués sur tout le corps. Les voitures à chevaux sont inconnues au Japon, et on n'y trouve que la charrette à bras pour le transport des grands fardeaux. On rencontre à chaque pas de ces charrettes chargées de marchandises, tirées et poussées par six coolis haletants, qui s'avancent à pas lents et mesurés, en poussant continuellement en cadence des cris aigus pour dégager leurs poumons de l'air qui s'y accumule, et pour faciliter leur travail.

Les Japonais sont sans contredit la nation la plus propre du monde, et personne, si pauvre qu'il soit, ne manque d'aller au moins une fois par jour à une des maisons de bains publics dont les villes sont abondamment pourvues; en outre, le climat est magnifique; c'est un printemps éternel, et on n'a jamais à se plaindre ni de la chaleur oppressive, ni du froid; mais néanmoins il y a au Japon plus de maladies cutanées que partout ailleurs, et c'est même chose difficile de trouver un domestique qui n'ait pas la gale. Je me suis donné beaucoup de peine pour connaître la cause de ce mal, et, d'après tout ce que j'ai vu et entendu, je crois pouvoir affirmer que le poisson cru, qui forme avec le riz la principale nourriture du peuple, en est la cause unique.

Les bains publics consistent en une grande salle, dont les murs latéraux sont munis de niches pour y mettre les habits; dans un coin de la salle est une grande cuve avec de l'eau chaude, laquelle y coule par un tuyau de la cuisine; du côté de la rue la salle est complétement ouverte dans toute sa longueur. L'absence du genre dans la langue japonaise pour exprimer la différence entre le masculin, le féminin et le neutre semble être mise ici en pratique dans la vie quotidienne, et dès l'aube du jour jusqu'à la nuit tombante tous les bains publics sont remplis d'un mélange confus des deux sexes, de tous les âges et absolument réduits au seul costume de nos premiers ancêtres avant qu'ils eussent mordu à la pomme fatale; chacun puise de l'eau chaude dans un seau, se lave soigneusement tout le corps, puis s'habille et s'en va.

« O sainte simplicité! m'écriai-je, lorsque je passai pour la première fois devant un de ces bains publics et vis trente ou quarante hommes et femmes, complétement nus, lesquels, poussés par la curiosité, s'élancèrent hors de la maison pour observer de plus près un grand morceau de corail rouge de forme bizarre, suspendu à la chaîne de ma montre; ô sainte simplicité! qui ne craint pas la critique du monde, qui n'est censurée par aucun code d'un « décorum » conventionnel, et qui ne ressent aucune honte de l'absence de vêtements ! »

Avec sir Alcock je ne crois pourtant pas qu'une telle ignorance de toutes nos notions sur la décence ait au Japon les conséquences qu'elle produirait inévitablement en Europe, parce que où l'homme, en suivant les habitudes de son pays, ne sent point qu'il commet une mauvaise action, là doivent être inconnus aussi les sentiments vicieux; les pères, les mères, les maris, les frères, — tous approuvent les bains des deux sexes et, dès la première enfance, la visite quotidienne à ces bains devient une habitude, qui préserve les gens de l'opprobre et des reproches. Mais il est fort difficile d'exprimer une opinion sur la moralité d'un peuple comparée à celle d'un autre. Les femmes chinoises montrent leurs figures et les peignent pour être admirées, mais couvrent le cou jusqu'au menton et chaussent soigneusement leurs petits pieds mutilés; les femmes arabes voilent la figure, laissent la poitrine à nu et vont pieds nus dans de larges souliers rouges, tandis que, sans aucun doute, les unes et les autres regardent l'habillement des dames européennes et leurs danses avec les hommes comme de graves écarts des règles de la décence.

Les mœurs du beau sexe sont la sauvegarde de l'État; une femme peut se venger, mais l'histoire universelle ne fournit pas d'exemple, que des femmes, ou une société mixte de femmes et d'hommes aient conspiré pour produire des scènes de violence ou de convulsion politique. Une longue expérience et une profonde connaissance du caractère humain doivent avoir donné à cet égard une parfaite certitude aux dominateurs jaloux du Japon, et ainsi ils ont peut-être jugé à propos de donner dans les bains publics un libre cours à la voix du peuple sans une ombre de danger pour l'État.

Le gouvernement japonais protége le mariage tout en approuvant et en encourageant la prostitution. Un homme ne peut avoir qu'une seule femme légitime, dont les enfants sont ses uniques héritiers ; mais il peut tenir dans sa maison autant de concubines qu'il veut. Les parents pauvres sont autorisés par la loi à vendre leurs filles en-bas âge aux établissements de prostitution, pour un certain nombre d'années, avec faculté de les reprendre à l'expiration du terme ou de renouveler alors le contrat encore pour quelques années. Ces ventes et ces contrats se font avec aussi peu de scrupule que peuvent en ressentir chez nous, en Europe, les parents qui louent leurs filles pour un nombre d'années comme servantes à une bonne famille, car l'état de prostituée est envisagé ici comme exempt d'infamie et de déshonneur et aussi parfaitement honorable que toute autre condition de la vie. Ainsi il arrive très-souvent que les jeunes filles sortent des maisons de prostitution pour entrer dans l'état de femme légitime, ou qu'elles se marient plus tard lorsqu'elles sont rentrées sous le toit paternel, après avoir terminé leur carrière de courtisane ou de danseuse.

Les enfants du sexe féminin vendus aux établissements de cette sorte reçoivent jusqu'à l'âge nubile, c'est-à-dire douze ans, une éducation parfaite selon les conceptions du pays; on leur apprend à lire et à écrire le chinois et le japonais, on leur enseigne l'histoire et la géographie du Japon, le travail à l'aiguille, le chant, la musique et la danse, et, si elles excellent dans ce dernier art, elles doivent servir comme danseuses jusqu'à l'expiration de leur terme.

Les établissements de prostitution sont toujours groupés ensemble dans une partie isolée de la ville, et leur nombre, à Yédo, est tellement immense qu'ils forment une ville à part appelée *Yosivara*, séparée du reste de la capitale par des murailles et des fossés; on n'y entre que par une seule porte, gardée jour et nuit par de nombreux officiers de police. *Yosivara* n'a pas moins de deux milles anglais de circonférence et forme un parallélogramme; sept rues, qui s'entrecoupent à angle droit, la divisent en neuf quartiers séparés les uns des autres par des grilles en bois, que la police ferme à volonté et qui lui permettent d'exercer une surveillance sévère.

Il y a à Yosivara plus de 100,000 courtisanes, dont aucune ne peut sortir sans un laisser-passer, pour lequel elles doivent payer une forte rétribution. Le commerce de la prostitution est toujours vendu à part pour chaque ville par le gouvernement japonais, à l'enchère au plus offrant, comme monopole pour un certain nombre d'années, et on assure que les revenus en sont immenses et forment une des plus grandes ressources du Trésor.

Le 7 et le 8 juin, le gouvernement fit annoncer par l'organe de la presse étrangère à Yokohama, et par de nombreux placards japonais affichés dans les rues, que le *Taïcoun* (l'empereur temporel) partirait avec un nombreux cortége, le 10 du mois, de Yédo, par le *Tocaïdo* (la grande chaussée), pour Osaca, afin de faire une visite au *Micado* (l'empereur spirituel), dont il a épousé la sœur; on pria en même temps les habitants étrangers de s'abstenir d'assister au passage de la procession pour éviter de grands malheurs, et on enjoignit aux Japonais de fermer toutes les boutiques situées sur le Tocaïdo et de rester dans leurs maisons jusqu'à ce que la procession fût passée. Mais le 9 juin, le consul anglais de Yokohama publia qu'il avait réussi auprès du ministère à obtenir la permission pour les étrangers de voir la procession en se plaçant dans un bosquet d'arbres situé à quelques pas du Tocaïdo, à quatre milles de distance de Yokohama.

Je m'y rendis à pied pour pouvoir mieux voir le pays. La route me conduisait presque continuellement sur de petites digues à travers des rizières. Le sol consiste partout en une excellente terre noire, qui provient probablement des scories ou du *détritus* de rochers en ignition; et qui a été fertilisée en outre dans le courant des siècles par le fumier liquide. Le produit le plus cultivé est naturellement le riz, qui remplace le pain, inconnu dans le pays. On le sème d'abord très-serré dans des pépinières de boue, d'où on le transplante. De toutes les occupations agricoles, la culture du riz est la plus repoussante et la plus pénible; le dos courbé et les pieds presque jusqu'aux genoux dans la boue puante du champ, les hommes et les femmes retirent les jeunes plantes de riz, les lient en petits paquets et en remplissent leurs paniers pour les transplanter dans des champs moins humides. On cultive ici, en outre, beaucoup de colza et de froment qu'on ne sème point comme en Europe, mais dans des lignes separées l'une de l'autre par des sillons de 18 pouces de large, et aussitôt que le froment approche de sa maturité on plante des fèves entre les lignes de froment et au milieu des sillons, de sorte que, lorsqu'on moissonne la première récolte, la seconde est déjà en pied, et de cette manière on peut facilement recueillir quatre récoltes par an. Les champs sont entrecoupés par de magnifiques bosquets de palmiers, de sagou, de bambou, de châtaigniers, d'orangers, de canne rattan, de camélias de vingt différentes espèces, de conifères, etc.; partout on voit une immense variété de *fougères*, qui portent sous leurs feuilles leurs semences semblables à des espèces de petits vers.

De même que l'on emploie en Europe les branches de bouleau comme symbole de bons vœux à la fète de Pentecôte, ainsi on met au Japon, à la fète de nouvelle année, dans les chambres, devant les portes et le long des rues, des fougères et des branches de bambou comme symbole de félicitation.

Je vis aux deux côtés de la route beaucoup de fleurs — surtout beaucoup de roses sans épines, — mais jamais je n'ai vu dans ce pays ni fleur qui ait le moindre parfum, ni fruit qui ait la moindre saveur.

Dans chaque bosquet d'arbres bien situé, on est toujours sûr de trouver un ou deux petits temples en bois ornés de belles sculptures.

Après une heure et demie de marche, je parvins au bosquet qui avait été mis à la disposition des étrangers désireux de voir la procession du taïcoun ; il s'y réunit une centaine d'étrangers et une trentaine d'officiers de police pour maintenir l'ordre. Après encore une heure et demie d'attente, la procession commença à passer. D'abord, vint un grand nombre de *coolis* portant des bagages sur des perches de bambou ; puis un bataillon de soldats, habillés de longues blouses blanches ou bleues, de pantalons noirs ou bleu foncé liés aux chevilles, de bas bleus, de sandales de paille et de chapeaux laqués de bambou, le havresac sur le dos et armés d'arcs et de carquois ou de fusils et de sabres ; les officiers étaient vêtus d'un habit de fin calicot jaune et d'une robe bleu de ciel ou blanche, tombant jusqu'aux genoux et ornée de petites marques blanches en signe de noblesse, de pantalons bleus liés aux chevilles, de bas bleus, de sandales de paille et de chapeaux noirs laqués. Ils portaient, attachés à leur ceinture, deux sabres et un éventail; leurs chevaux n'étaient pas ferrés mais chaussés de sandales de paille. Ensuite venaient encore des *coolis* portant des bagages, après eux des officiers supérieurs à cheval, habillés de longues robes blanches avec de grands hiéroglyphes rouges sur le dos, puis deux bataillons de lanciers à pied, deux pièces d'artillerie, de nouveau deux bataillons de fantassins, des *coolis* portant de grandes caisses laquées, puis encore des lanciers à pied habillés de robes blanches, bleues ou rouges; des grands dignitaires à cheval en robes blanches aux hiéroglyphes rouges; un bataillon de soldats aux grandes blouses blanches, quatre palefreniers qui menaient quatre chevaux de selle caparaçonnés de couvertures noires, quatre magnifiques « *nori-*

mons » (porte-chaises en forme de voiture sans roues) noirs laqués, derrière lesquels on portait un étendard en forme de fleur de lis, de métal doré ; enfin, vint le *Taïcoun* (l'empereur temporel), monté sur un beau cheval brun, non-ferré mais chaussé de sandales de paille comme tous les autres chevaux. Sa Majesté paraissait-être âgée d'une vingtaine d'années, et portait royalement une belle figure au teint un peu foncé. Ce prince était vêtu d'une robe blanche, brodée d'or, couvert d'un chapeau laqué et doré ; deux sabres étaient attachés à sa ceinture, une vingtaine de grands dignitaires en robes blanches lui faisaient escorte et fermaient la procession.

Me promenant le lendemain matin à cheval sur le Tocaïdo (la grande chaussée), je vis, près de l'endroit où nous avions observé la procession, au milieu de la route, trois cadavres, qui étaient à tel point mutilés qu'il était impossible de juger d'après leurs habits à quelle classe de la société ils avaient appartenu. Je pris des informations à Yokohama et j'appris qu'un paysan, qui n'avait probablement pas eu la moindre connaissance du passage du Taïcoun, ayant traversé la chaussée à quelques pas devant le premier bataillon de soldats, l'officier irrité avait ordonné à un de ses subalternes de punir l'audace de cet homme et de le couper en pièces ; et comme celui-ci avait hésité à obéir, l'officier en courroux lui avait fendu le crâne d'un coup de sabre et avait tué ensuite le paysan. Au même instant était survenu un officier supérieur qui, après s'être renseigné sur les faits, croyant l'officier fou, avait ordonné à un soldat de le tuer d'un coup de baïonnette, ce qui fut exécuté en un clin d'œil. Les trois cadavres étaient restés sur la grande route et toute la procession, qui pouvait se composer de 1,700 personnes, était passée par dessus sans se soucier d'eux ou sans les voir.

IV

Parmi les différentes excursions que je fis pendant mon séjour à Yokohama, une des plus intéressantes fut celle que j'entrepris en société de six anglais à la grande ville manufacturière de *Hogiogi*, dans le district des soies.

Nous partîmes à cheval, le dimanche 18 juin, à 3 heures un quart de l'après-midi. J'avais pris ma monture d'une écurie de louage, au prix de 6 piastres (36 francs) par jour. Nos sept *bettos* (palefreniers) tout nus, et ne portant qu'une étroite ceinture, nous suivaient au pas de course et luttaient de vitesse avec les chevaux; tout leur corps était tatoué de monstres et de divinités, aux couleurs vives, et quelques-unes de ces peintures semblaient être de véritables chefs-d'œuvre. Nous voyions continuellement devant nous l'immense volcan Fusiyama, qui semblait être tout près, bien qu'il fût à une distance de 80 milles anglais; il est couvert de neiges éternelles; sa hauteur est de 4,725 mètres, et son cratère est de 1,100 mètres de long, sur 600 de large et 350 de profondeur. A environ 3 milles de la ville, nous passâmes devant le fameux monument, portant quatre inscriptions en caractères chinois, dans lesquelles le gouvernement japonais commande de tuer tous les étrangers; il a deux mètres de haut, une épaisseur de 84 centimètres et est surmonté par la statue de Boudha. Ce monument paraît avoir été érigé il y a deux siècles, au temps du massacre et de l'expulsion des chrétiens.

Nous fîmes halte au célèbre temple de Bokensio, lequel est situé dans un beau bosquet d'arbres conifères, de camélias, de palmiers, etc.

L'édifice est en bois, avec toit de chaume d'un mètre d'épaisseur et, — comme sur tous les édifices japonais à la campagne — il y a tout le long de son sommet un parterre de fleurs de lis. En entrant dans la vaste cour du temple je fus agréablement frappé par l'extrême ordre et la remarquable propreté qui y règnent, et, tandis que les temples en Chine, qui sont pleins de marbres et surchargés d'ornements somptueux, ne m'inspirent que du dégoût et de l'horreur en raison de l'extrême malpropreté et de leur état de décadence, je ne pus contempler sans un vif plaisir ces sanctuaires japonais, qui respirent l'ordre et témoignent des soins assidus dont ils sont l'objet, quoiqu'ils soient bâtis avec une simplicité presque agreste.

Les prêtres vêtus de robes blanches, ayant la tête rasée et les pieds nus, s'empressèrent de nous ouvrir les portes de l'édifice, dont le plancher est poli et le plafond sculpté et non peint; à ce plafond sont suspendues cinq lanternes de papier blanc et rouge, de deux mètres de diamètre, le grand autel en bois laqué est orné de fleurs de lotus dorées ; il y a dans le sanctuaire un grand nombre de statuettes dorées de divinités et d'animaux sacrés et une masse de tablettes portant des inscriptions en caractères dorés. A gauche du sanctuaire se trouve une grande niche, dans laquelle il y a plus de cent tablettes en forme de monuments funèbres, portant les noms de personnes défuntes qui ont légué de l'argent à ce temple, et au milieu de ces tablettes est placée la statuette dorée de Boudha. Sur une petite table, devant cette niche, se trouvent, dans des coupes de bois laqué et de porcelaine, des offrandes consistant en sept sortes différentes de légumes, de riz et de gâteaux.

A droite du sanctuaire, une autre niche dans laquelle se trouvent, collées sur le mur, trois images de divinités, et devant chacune d'elles sont placés deux repas composés de sept sortes différentes de légumes, de riz et de biscuit. — Nulle part je ne puis découvrir trace de poussière ; tous les châssis sont tendus de papier blanc parfaitement propre et sans déchirure. Les prêtres, de leur côté, parmi lesquels il y a des vieillards et de jeunes garçons — se distinguent par leur amabilité et leur extrême propreté et présentent un contraste énorme avec les insolents, infects et immondes « bonzes » (prêtres) chinois.

Nous continuâmes notre route au galop et ne tardâmes pas à entrer dans le district de la culture des vers à soie où tous les champs sont entrecoupés — comme en Italie — par des rangées de mûriers, dont on coupe les branches pour qu'ils n'arrivent qu'à une hauteur d'un mètre et demi à deux mètres et demi. Aussitôt que ces mûriers ont l'âge de cinq à six ans, on les déracine et on les remplace par de jeunes arbres, parce qu'ici, comme en Chine et dans les Indes, on a la conviction que, plus un mûrier est jeune, mieux ses feuilles conviennent pour la nourriture des vers à soie. Dans chaque maison des villages que nous traversâmes il y a une petite fabrique de soie. Les champs sont partout cultivés avec art; les pluies abondantes et les nombreux ruisseaux facilitent les travaux agricoles. A défaut de bétail dont on pourrait employer le fumier, on fertilise les champs par les herbes mêmes qu'on arrache, qu'on coupe et qu'on laisse pourrir, ainsi que par l'engrais humain liquide qu'on recueille soigneusement dans les villes pour asperger les terres.

Nous arrivâmes à six heures du soir, au grand village de Hara-Madjeda, où nous nous arrêtâmes à un *jardin de Thé* (les maisons de thé sont appelées au Japon : jardin de thé) pour y passer la nuit. Il n'y avait pas d'écurie, mais on en improvisa une à l'aide de perches de bambou qu'on couvrit de nattes ou de planches, de sorte que, dans l'espace d'une heure, nos sept chevaux étaient hébergés et attachés — à la manière du Japon — la tête là où selon les règles européennes doit se trouver la queue. La maison a seize mètres de façade, elle est à deux étages ; son toit en chaume est orné au sommet d'un beau parterre de fleurs de lis. Toutes les parois du rez de chaussée consistent en portes à coulisses ; on enlève le matin celles du côté de la rue pour les replacer le soir. Il y a devant la maison une espèce de *verandah* ou de galerie ouverte, dans laquelle on se déchausse avant de mettre le pied sur le plancher du grand salon, élevé de soixante-six centimètres au-dessus de la rue; ce plancher est ciré et couvert de belles nattes de bambou. Le salon est dépourvu de meubles, mais on y voit deux caisses ouvertes d'un mètre de long sur soixante-six centimètres de large et de haut, contenant des brasiers sur lesquels on fait le thé. Dans le fond à gauche se trouvent, sur des étagères, un grand nombre de nattes de bambou couvertes de cocons à soie, qu'on met dans l'eau bouillante pour tuer le ver et pour en enlever la soie; car si l'on ne tue pas le ver, il détruit la soie et sort du cocon en papillon. Ce salon occupe trois quarts du rez-de-chaussée; l'autre quart est à fleur de terre et occupé par la cuisine, les ustensiles de l'art culinaire et par cinq ou six barriques de *Saki*[1]. Derrière les étagères de cocons à soie est un petit corridor ouvert conduisant à un appartement de derrière composé de deux pièces. Dans ce corridor se trouve, à côté d'une cuve d'eau pure, une espèce d'auge ou de

1. Le *saki* est une espèce d'eau-de-vie très-forte qu'on distille avec du riz.

caisse ouverte, placée en pente, de deux mètres de long sur cinquante-six centimètres de large et de cinq pouces de haut, dans laquelle est placé un lavoir en cuivre, de sorte que l'eau qu'on verse ou qu'on gaspille dans la caisse en découle immédiatement; au-dessus de cette caisse est suspendu un petit panier contenant du sel, qu'on emploie ici pour nettoyer les dents, et un grand paquet de morceaux de papier brouillard, dont on se sert pour se sécher, car les essuie-mains de toile sont inconnus au Japon. On fait le papier avec des écorces d'arbre, et même le papier brouillard a une solidité telle qu'on peut le faire laver après s'en être servi. A deux pas du lavoir est placée la petite salle de bains; on y trouve le bain froid et le bain chaud.

De quelque côté que l'on regarde on reconnaît la passion de l'ordre et de la propreté poussée à l'excès.

On nous logea dans un salon du deuxième étage, et après le souper on y fixa deux grandes moustiquaires qui pouvaient nous abriter tous et sous lesquelles nous étendîmes nos membres fatigués sur les nattes du plancher, en appuyant la tête sur de petits oreillers en bois.

Il avait plu toute la nuit et il plut aussi le lendemain à verse pendant toute la journée. Néanmoins nous partîmes après le déjeuner, à dix heures et demie du matin, pour la ville de Hogiogi. — Pour nous garantir un peu contre la pluie torrentielle, nous achetâmes des manteaux de paille tels que les emploient les ouvriers japonais qui labourent les champs dans la saison pluvieuse. Mais ces manteaux ne nous donnaient que peu de protection et nous fûmes bientôt trempés jusqu'aux os. Malgré la boue profonde nous allions presque toujours au galop, et nous arrivâmes vers une heure de relevée à Hogiogi.

Partout la campagne offrait le plus riant aspect, et le panorama était particulièrement magnifique quand nous arrivâmes sur la crête d'une haute colline; nous vîmes devant nous la vaste vallée bordée à environ dix milles de distance par de hautes montagnes.

Nous nous arrêtâmes à Hogiogi à un *Jardin de*

Thé semblable à celui de Hara Madjeda et nous nous mîmes à parcourir la ville qui peut avoir vingt mille habitants. Les maisons sont en bois, à deux étages, mais de temps en temps il y a des maisons « *en pisé* » qui servent de banques ou de bureaux du gouvernement. Presque dans chaque maison, il y a une tisserie de soie à la main ou une boutique de soieries.

Dans la rue principale, d'un mille environ de long et de vingt-six mètres de large, il y a de distance en distance des puits munis d'une roue; sur cette dernière est posée une corde, à chaque moitié de laquelle est attaché un seau, de sorte que, lorsqu'on tire la corde en bas, un seau se remplit toujours, pendant que l'autre remonte plein d'eau.

La pluie torrentielle m'empêchait de voir la ville comme je l'aurais désiré; mouillés à tordre, nous nous remîmes en route vers cinq heures du soir et nous arrivâmes à sept heures à Hara Madjeda, où nous passâmes la nuit et d'où nous retournâmes le lendemain matin à Yokohama.

V

J'avais tellement entendu citer les merveilles de *Yédo* que je brûlais du désir d'y aller. D'après les traités de 1858, cette capitale aurait déjà dû être ouverte au commerce étranger en 1862, mais les gouvernements d'Europe ont consenti, à la prière du Taïcoun, à ajourner l'ouverture de ce port à un temps indéfini. Ainsi personne ne peut visiter Yédo excepté les ambassadeurs des grandes puissances étrangères et leurs invités. Par malheur les ambassadeurs se sont depuis longtemps retirés de Yédo par suite des nombreux attentats commis sur leur vie et sur celle des gens de leur suite, et personne n'y est resté, excepté le ministre plénipotentiaire des États-Unis d'Amérique M. Pryune, et même celui-ci, absent depuis quelques mois, a laissé comme chargé d'affaires par intérim M. Portman. Il me fallait donc avoir une invitation de ce dernier pour pouvoir visiter Yédo; — il n'y avait pas d'autre chance. Comme partout ailleurs, il est très-difficile pour un étranger, au Japon, d'obtenir une invitation du chargé d'affaires d'une grande puissance, surtout si l'on est dans l'impossibilité de faire sa connaissance personnelle. Pourtant, par l'aimable intervention de mes estimés amis MM. W. Grauert et Cie de Yokohama, j'y réussis enfin, et le vingt-quatre juin, le consul général des États-Unis, M. Fisher de Yokohama, me fit remettre par son maréchal, M. Bangs, une invitation du chargé d'affaires M. Portman à lui faire une visite à Yédo. J'exprimai le désir de partir le lendemain dimanche vingt-cinq juin; le consul général envoya donc immédiatement pour moi au bureau central de la police japonaise de Yokohama un passe-port pour Yédo avec ordre de tenir une escorte de cinq *yacounins* (officiers de police à cheval) à ma disposition pour huit heures du matin.

Par l'entremise du consulat Américain, j'expédiai le soir même à Yédo mon bagage enveloppé dans du papier huilé noir, et louai pour toute la durée de mon voyage, moyennant six piastres mexicaines ou trente-sixs francs par jour, un cheval de M. Clark. Ce dernier est un nègre de la Jamaïque ; d'abord charpentier, il devint ensuite matelot, puis maître d'hôtel, puis boulanger, et il est maintenant possesseur d'une écurie de neuf chevaux de louage pour redevenir boulanger aussitôt que la maison, qu'il est en train de faire construire, sera achevée.

Il avait presque continuellement plu depuis mon arrivée au Japon, mais le dimanche vingt-cinq juin il semblait que toutes les écluses du ciel fussent ouvertes. Cependant, couvert d'un manteau et d'une casquette de papier imperméable, que les Japonais préparent avec l'écorce d'un arbre et d'une solidité telle qu'il le cède à peine au cuir, je me mis en route à huit heures trois quarts du matin avec les cinq yacounins qui devaient m'escorter sous la pluie torrentielle sans pouvoir accepter la moindre gratification; mais ils se soumirent à leur sort avec cette philosophie et cette résignation stoïques qui enlèvent au plus triste destin la moitié de son amertume. Leurs selles étaient de bois ainsi que leurs étriers, qui n'étaient que d'énormes crocs de six pouces de large et de quatorze de long et en forme de sabots.

Ils étaient vêtus d'une robe blanche semblable à une chemise, d'une longue robe jaune ou bleu de ciel, d'un pantalon très-large attaché à l'aide d'une ceinture, d'une paire de chaussettes d'étoffe bleu foncé en forme de gants et de sandales de paille fixées à l'orteil ; ils portaient un large chapeau presque plat de bambou laqué, fixé au menton à l'aide de bandages. Deux d'entre eux, qui étaient d'un rang supérieur, portaient par-dessus les autres habits une redingote courte, en forme de blouse, avec les insignes de la noblesse sur le dos et les manches ; ils avaient en outre deux sabres, tandis que les autres n'avaient qu'un sabre et un poignard; enfin tous étaient enveloppés dans des manteaux imperméables de paille ou de papier semblables au mien, et chacun avait, attaché à sa ceinture, un étui contenant un éventail de papier.

Nous partîmes à franc étrier tous en ligne; les deux officiers de rang supérieur me précédaient, les trois autres formaient l'arrière-garde. Six bettos [1], tout nus mais couverts, du cou jusqu'aux chevilles, de peintures de divinités, d'oiseaux, d'éléphants, de dragons ou de paysages, — le tout tatoué aux couleurs vives et avec un art extrême, — nous accompagnaient à pied et rivalisaient de vitesse avec les chevaux. L'un d'eux portait, tatouée sur son dos et sur sa poitrine, l'éruption du volcan sacré Fusiyama; on y voyait — en parfaite imitation de la nature — l'épaisse fumée qui sortait du grand cratère au-dessus des neiges éternelles et le large torrent de lave coulant d'un autre cratère au pied du cône supérieur, se précipitant sur les jardins et les villages dans

1. Palefreniers.

la plaine ; on y distinguait les habitants dont les uns, chargés de leurs enfants, ou de leurs vieux parents, fuyaient, les autres, atteints par la grande chaleur et à moitié asphyxiés, se tordaient dans l'agonie.

Nous arrivâmes en un quart d'heure à Kanagawa [1] sur le Tocaïdo [2], qui parcourt tout le pays de Nangasaki à Yédo et à Hakodadé, sur une distance de plus de six cents milles anglais ; cette chaussée, qui a 10 à 11 mètres de large, est soigneusement tenue; elle est réputée la meilleure chaussée du monde. Il y a partout au Japon de bonnes routes. De Kanagawa à Yédo, sur une distance de vingt milles anglais, le Tocaïdo côtoie presque toujours la mer; il y a des deux côtés de la route des lignes non interrompues de maisons ouvertes sur la rue, et contenant des boutiques de jouets, de parapluies de papier [3], de

1. Kanagawa est un grand village à deux milles et demi de Yokohama.

2. La grande chaussée.

3. Ces parapluies de papier surpassent en élégance et en solidité nos parapluies de soie de l'Europe et on les achète ici pour un itzebou (2 fr. 50 c.).

sandales, de peintures, de fruits non mûrs, tels que pêches, prunes, abricots, etc., lesquels sont cueillis ici quand ils sont encore verts, car les Japonais apprécient fort le goût aigre dans les fruits; mais comme je l'ai déjà dit, même les fruits mûrs et les légumes sont fades et dépourvus de saveur au Japon, et personne ne se donne ici la peine de cueillir des fraises dont les bosquets abondent, parce qu'elles ne sont pas même mangeables.

Il y a, en outre, sur la grande chaussée un immense nombre de jardins de Thé[1], de temples et de postes de police. La grande route était encombrée de *coolis* portant des bagages sur des perches, de chevaux portant des fardeaux, et qui n'étaient pas ferrés, mais chaussés de sandales de paille. En effet, je n'ai vu nulle part au Japon de chevaux ferrés que chez les yacounins, et même ceux-ci n'ont adopté cette sorte de chaussures pour leurs bêtes que depuis environ deux ans; — tous les autres chevaux, dans le pays,

1. Je rappelle que chaque maison de thé est appelée au Japon : Jardin de Thé.

portent des chaussures de paille. Nous rencontrâmes, en outre, grand nombre de soldats, marchant dans l'une ou l'autre direction, et armés d'arcs et de carquois, ou de sabres et de fusils, dont les baïonnettes se trouvaient toujours dans des fourreaux à part, attachés à la ceinture ; nous passâmes aussi à côté d'un grand nombre de *norimons* [1], portés par quatre coolis, et de *cangos* [2], portés par deux coolis. A chaque poste de police que nous trouvâmes sur notre route, six ou huit constables étaient assis sur leurs talons, et aussitôt que ceux-ci apercevaient mes yacounins, ils s'élançaient dans la rue et les saluaient en se prosternant devant eux.

Nous nous arrêtâmes à deux *jardins de thé* ; au premier, nous prîmes seize petites tasses de thé, pour lesquelles j'ai eu à payer un itzebou (fr. 2 50). Ce pays ne produit que du thé vert qu'on boit, — comme en Chine, — sans lait ni sucre ; je dois remarquer aussi que lait, beurre et café

1. Chaises portatives noires laquées, très-élégantes ayant la forme de la partie supérieure d'une voiture couverte.

2. Petites chaises portatives de bambou ouvertes.

sont des articles parfaitement inconnus aux Japonais, et que leur nourriture animale se limite aux produits de la pêche.

Au second jardin de thé, nous nous arrêtâmes plus d'une heure pour dîner et pour donner à manger à nos chevaux. Comme je l'ai déjà dit, dans les écuries japonaises les chevaux sont presque toujours placés en sens inverse de celui qui est en usage dans les autres pays du monde, et la tête du cheval se trouve ici invariablement là où, selon nos habitudes, devrait se trouver la queue; au lieu de crèche, ils mangent à un seau attaché au plafond par deux cordes qu'on fait descendre pour mettre les fourrages à leur portée, et qu'on fait monter quand ils ont fini. Cette manière d'attacher les chevaux est très-pratique et très-sage, parce qu'on peut s'approcher de leur tête sans s'exposer à être frappé et estropié. En effet, je n'ai jamais vu de chevaux plus vicieux et plus farouches que ces coursiers japonais, qui tâchent toujours de s'approcher l'un de l'autre pour se battre; il faut même toujours faire un détour pour éviter les chevaux de somme qu'on rencontre sur la route. On ne voit rien que des étalons, les juments étant retenues à la campagne pour les haras ou pour la production. On appelle les chevaux ici « ponies, » mais ils ne méritent nullement cette dénomination, étant tout aussi grands que les chevaux de selle ordinaires en Europe. Je dois faire observer encore, qu'en opposition à l'usage des autres pays, au Japon on monte à cheval *du côté droit.*

On nous apporta pour notre dîner, dans des jattes de bois laqué aux dessins dorés, du riz, du poisson cru et cuit, et du saki, puis du thé, et on me présenta un papier avec des hiéroglyphes qui devait être l'addition, car un de mes yacounins me montra les cinq doigts d'une main en prononçant le mot « itzebous; » il était donc clair qu'il fallait cinq itzebous (fr. 12 50) que je m'empressai de payer. On reprit alors la note et on me la rapporta acquittée.

Vers smidi, nous arrivâmes dans le port de Yédo, qui est défendu par six immenses forts, situés dans la mer à deux milles du rivage. Mais plus encore que par ces forts, Yédo est protégé par le peu de profondeur de l'eau dans le port, où la plus petite embarcation ne peut s'approcher du rivage à marée basse. Enfin, vers une heure après midi, nous entrâmes dans la ville même, et nous mîmes les chevaux au pas pour pouvoir mieux observer. Nous passâmes d'abord par un des quartiers du grand trafic, où le rez-de-chaussée de chaque maison est occupé par une boutique entièrement ouverte sur la rue, et où l'on apercevait partout à travers la maison le petit jardin à fleurs, orné d'arbres-nains [1].

Il n'y a nulle part au Japon, ni maison sans jardin, ni jardin sans *aquarium*, ou étang en miniature, bordé par de petits rochers artificiels et rempli de poissons rouges aux queues en forme d'éventail.

Les maisons à Yédo sont en bois, à deux étages et, comme partout au Japon, il y a, au lieu de fenêtres, des châssis à coulisse tendus de papier

1. A l'aide d'attaches on estropie pour ainsi dire les arbres qui doivent servir de principal oenement au jardin, et on les rend nains; on les appelle en anglais : *dwarf trees*.

blanc très-fin, mais fort durable, de sorte qu'il peut être longtemps exposé à la pluie sans se déchirer. De temps en temps on voit des maisons « *en pisé* » à l'épreuve du feu, et je crois, qu'en moyenne, on peut compter une maison en *pisé* sur vingt-cinq maisons en bois. Malheureusement la construction de maisons en pierre n'est pas possible au Japon à cause de la fréquence des tremblements de terre. Toutes les rues de Yédo sont macadamisées comme les boulevards de Paris, et les plus étroites d'elles n'ont pas moins de sept mètres de large; la largeur moyenne des rues des quartiers du commerce est de quatorze mètres, tandis que dans les quartiers des palais des Daïmios ou princes japonais, elles ont de vingt à quarante mètres de large.

Vers deux heures après-midi, nous arrivâmes à la légation des États-Unis, au grand temple de Dsen-fou-si, mot qui signifie : « *félicité éternelle.* » On y entre par une énorme porte de granit, d'où un chemin pavé de grands blocs de pierre conduit, à travers la vaste cour, au grand temple ; à gauche de ce dernier il y a un temple plus petit ainsi qu'un vaste bâtiment habité par les quarante prêtres qui font le service de ces sanctuaires. Il y avait du côté droit un bâtiment pareil jadis habité par les prêtres et qui servait dès 1860, à titre de location, à l'ambassade des États-Unis; mais cet édifice ayant été détruit, il y a quelque temps, par un incendie, il a été rebâti par le gouvernement japonais et la Légation s'y trouve à présent de nouveau installée. C'est ici que je jouis depuis trois jours de l'hospitalité du chargé d'affaires M. Portman, qui me prodigue ses bons soins et ses attentions. La maison est à un étage et entourée d'une galerie, et tous les murs extérieurs et intérieurs consistent en châssis à coulisse tendus de papier blanc.

M. Portman me conduisit d'abord à l'entour des deux temples et des deux bâtiments contigus pour me faire voir ce qu'il appelle : « ses fortifications, » qui consistent en deux palissades de bambou et en nombreux postes de garde et de guérites, dans lesquels veillent pendant le jour plus de deux cents et pendant la nuit plus de trois cents yacounins armés de sabres et d'arcs, de fusils et de poignards. Chaque soir le mot de passe ou le mot d'ordre est déterminé pour la durée de la nuit, et celui qui tenterait de passer sans pouvoir prononcer ce mot serait à l'instant taillé en pièces.

Il continuait de pleuvoir à verse, mais mon désir de voir Yédo était si grand que je ne pouvais y tenir, et après m'être rafraîchi dans le bain je sortis de nouveau à cheval en compagnie de cinq autres officiers de police ; nous allâmes, comme précédemment, tous en ligne l'un après l'autre ; deux d'entre eux d'un rang supérieur me précédaient, les autres formaient l'arrière-garde. Nous passâmes par plusieurs des nombreux quartiers de Daïmios, dont les palais se trouvent invariablement au milieu d'une vaste cour quadrangulaire, qui mesure de chaque côté de trois cents à six cents mètres, et qui est entourée d'un immense bâtiment en bois à deux étages, servant d'habitation aux trabans des Daïmios et à leurs familles ; ces vastes bâtiments ne suffisent même pas à loger toute la suite de ces princes ; aussi trouve-t-on toujours encore dans la cour une masse d'autres habitations.

Les Daïmios sont obligés par la loi d'habiter leurs palais de Yédo pendant six mois de l'année et d'y laisser leurs familles en otage pendant leur absence. Ils partent de Yédo et y reviennent avec une nombreuse suite, dont l'importance est en proportion de leurs possessions et dépasse chez les plus riches le nombre de quinze mille hommes armés. Quelques-uns de ces palais de Daïmios sont couverts de pisé, les autres sont simplement en bois et blanchis au lait de chaux, mais tous sont entourés de fossés plus ou moins larges et quelques-uns sont en outre environnés de hautes murailles. Il y a au Japon plus de quatre cents Daïmios, qui ont tous un ou plusieurs palais à Yédo, et on compte que ces palais occupent un tiers de la ville. Il y en a vingt parmi eux dont, d'après les listes officielles publiées à Yédo, les revenus annuels excèdent :

263,700 kokous de riz ou à fr. 17 30 c. par kokou, fr. 4,562,010 c.; et parmi ces vingt il en est quatre dont les revenus annuels excèdent six cent mille kokous de riz ou fr. 10,380,000, à savoir :

Le Daïmio Kanga-Maida Kaga-no-Kami qui a par an 1,202,700 kokous de riz ou à raison de francs 17 30 c. par kokou, francs 20,806,710.

Le Daïmio Satsouma-Matsdaïra Satsouma-no-Kami, 760,800 kokous à francs 17 30 c., francs 13,161,840.

Le Daïmio Oari-Tokungavav Ovari-Dono, 629,500 id. à id., fr. 10,890,350.

Le Daïmio Moutsen ou Xendaï-Matsdaïra Moutsen-no-Kami ou Xandaï 626,000 id. à id., fr. 10,829,800.

Sir Alcock fait observer avec raison que le Taïcoun est tenu en échec et contrôlé par le respect traditionnel pour les anciens usages et les anciennes lois, mais beaucoup plus encore par les Daïmios ou princes féodaux, qui professent une subordination nominale, mais soutiennent un antagonisme réel ; ils possèdent presque toutes les terres du pays, sur lesquelles ils règnent d'une manière absolue, bien qu'ils soient ostensiblement les sujets des deux monarques et soumis aux lois de l'État, mais ils s'opposent à l'autorité du Taïcoun et du Micado [1], et la limitent à mesure qu'ils en trouvent l'occasion ou que leurs intérêts et leurs passions le leur dictent. C'est une féodalité sans chevalerie, c'est une oligarchie vénitienne de nobles. Le seigneur est ici tout, la classe ouvrière n'est rien, et néanmoins nous voyons ici paix, contentement général, abondance, le plus grand ordre, et un pays cultivé avec plus de perfection qu'aucun autre pays du monde.

Nous allâmes d'abord à *Atango-Yama*, où nous donnâmes les chevaux à nos six bettos qui nous avaient suivi. C'est une haute colline, sur laquelle on monte par un bel escalier de granit. Il y a

1 Le Micado est l'empereur spirituel héréditaire et réside à Osaca, tandis que le Taïcoun est l'empereur temporel héréditaire et réside à Yédo ; — ces deux monarques gouvernent le pays d'après une constitution féodale.

sur cette colline de beaux jardins de thé. On jouit de là d'une vue magnifique sur Yédo dont on voit cependant à peine le tiers, parce que la ville n'a pas moins de douze mille anglais en toute direction. Le panorama était des plus variés. A peu de distance devant moi je distinguai la résidence du Taïcoun, laquelle est située sur un terrain élevé et entourée d'immenses fossés et de hautes murailles. Cet enclos, qui a plus de huit kilomètres de circonférence, est considéré comme sacré, et l'entrée en est interdite aux simples mortels. Pourtant je tiens de la bouche de mon aimable hôte, le chargé d'affaires M. Portman, qui a assisté à l'audience que le Taïcoun a accordée, en 1862, aux ambassadeurs étrangers, que dans l'intérieur de cet enclos il faut encore franchir deux grands fossés et deux hautes murailles avant de parvenir au palais du Taïcoun; ce palais est en bois, n'a qu'un étage, et sa construction porte un caractère de simplicité sévère. Les portes et les colonnes en bois qui, supportent le plafond, sont ornées de belles sculptures; mais il n'y a pas une seule fenêtre vitrée, et comme partout ailleurs au Japon, les murs ou parois consistent en châssis à coulisse tendus de papier; les chambres sont parfaitement dépourvues de meubles, et le plancher couvert de belles nattes de bambou bordées de soie, sert à Sa Majesté japonaise à la fois de chaise et de table, de canapé et de bois de lit.

A droite de la résidence, je vis, également sur un terrain élevé, le cimetière qui contient les mausolées des Taïcouns; il a quatre kilomètres de circonférence, est planté d'arbres gigantesques et également entouré d'un grand fossé, mais tout ce que je pus y découvrir en fait d'édifices, c'est la tour en forme fantastique d'un des trente-huit temples qui s'y trouvent. Malgré tous mes efforts je n'ai pas réussi à obtenir la permission de visiter ce cimetière, qui n'est cependant pas aussi inaccessible que l'enclos des palais impériaux.

Plus à droite de ce cimetière, j'aperçus, en ligne directe à perte de vue, des palais de Daïmios, ou plutôt des palais avec leurs dépendances, car ces palais, quoique vastes, sont tellement bas qu'on a de la peine à les distinguer des nombreuses dépendances qui les entourent; dans chaque enclos d'édifices de Daïmio se voit un jardin et un parc planté d'arbres conifères et autres.

En me tournant encore plus à droite je vis le grand quartier de commerce, que je venais de parcourir, et qui s'étend jusqu'au port. La monotonie des maisons bourgeoises aux toits de tuiles bleuâtres est variée par la belle verdure de leurs jardins, par les tours de garde en bois semblables aux clochers en Europe, et par les nombreux temples aux sommets sémi-circulaires.

Plus à droite encore, je remarque le vaste port avec ses six forts et ses nombreuses jonques. Sept grands pyroscaphes japonais étaient mouillés sur la rade ; ces bâtiments, qui ont coûté au gouvernement plus de quinze millions de francs, sont négligés et semblent destinés à pourrir sans aucune utilité pour l'État.

Nous descendîmes ensuite d'Atango-Yama, remontâmes sur nos chevaux et fîmes le tour de la résidence impériale.

Comme je crois ne devoir rien omettre de ce qui est en contraste complet avec ce qu'on voit dans le reste du monde, je dois dire : que la queue des chats au Japon a à peine un pouce de long, et que les chiens, à l'aboiement et à la poursuite desquels mes montures à St-Pétersbourg et à Constantinople, au Caire et à Calcutta, à Delhi et à Péking, montraient toujours la plus violente opposition, sont au Japon tellement flegmatiques qu'on ne les entend point aboyer, et qu'ils restent tranquillement couchés au milieu des rues, même quand ils nous voient venir, de sorte que nous devons toujours faire un détour pour ne pas les écraser.

Nous retournâmes à la légation vers sept heures du soir, et aprés le dîner, M. Portman fit encore une fois avec moi la ronde des fortifications, qui doivent nous protéger contre les assassins pendant la nuit; tous les postes étaient bien munis de « yacounins » et illuminés de nombreuses lanternes de papier aux hiéroglyphes rouges et noirs. Ces lanternes ne coûtent qu'une bagatelle, et elles sont beaucoup

13

plus durables que nos lanternes européennes; on peut les plier ensemble quand on n'en a pas besoin. Le mot de passe pour cette nuit-là était « dare » (qui vive!) pour la question, et « ka-at-zé » pour la réponse.

Le 26 juin je partis de grand matin, avec l'escorte habituelle de cinq officiers de police à cheval, pour visiter les maisons des autres légations. Pour la première fois depuis un mois le ciel s'était éclairci et un soleil tropical resplendissait dans tout son éclat.

Nous allâmes d'abord à la légation de France, qui se trouve dans la maison des prêtres du temple de *Saï-Kaï-Dsi*, et n'a qu'une petite cour entourée de deux palissades de bambou. La maison de la légation se trouve à gauche du temple, au bord d'un précipice; elle est assez vaste, mais inhabitée et négligée, puisque l'ambassadeur de France, qui redoute les assassins de Yédo, ne veut plus y résider et habite constamment Yokohama.

C'est devant la porte de cette légation, au

temple de Saï--Kaï-Dsi, que fut assassiné en 1862, M. Heusken, interprète à l'ambassade des États-Unis.

Nous nous rendîmes de là à la légation des Pays-Bas, au Temple de Chiogi; on y parvient en passant par un beau jardin, planté de camélias doubles et de palmiers; à l'extrémité du jardin, est un escalier de granit, de 20 mètres de haut, conduisant au temple, derrière lequel se trouve, au pied d'une colline, la maison de la légation, qui n'est protégée que par deux palissades de bambou, du côté du temple, et par une seule palissade du côté de la colline, de sorte qu'il serait presque impossible de la défendre en cas d'attaque. Le chargé d'affaires hollandais a donc sagement agi en l'abandonnant et en se retirant tout à fait de Yédo.

Nous reprîmes nos montures et allâmes à la maison de l'ambassade anglaise, au temple de Toden-si, laquelle mérite une description plus détaillée, à cause des scènes sanglantes dont elle a été le théâtre. On entre par une grande porte de granit dans la vaste cour, qui a environ cinq cents mètres de long sur soixante-six de large, et est plantée de grands pins. Un large chemin dallé de blocs de granit conduit de la porte en ligne droite, par un magnifique « *propylacum* » à deux étages, au grand temple de Toden-si, à gauche duquel est un vaste bâtiment à un étage qui sert d'habitation aux nombreux « Bonzes[1] »; à droite est la maison de l'ambassade anglaise, également à un étage et contenant de vingt à vingt-cinq chambres et plusieurs corridors ; tant les parois des cloisons que les murs extérieurs consistent en châssis à coulisse tendus de papier, de sorte qu'il est presque impossible d'y trouver son chemin, la nuit, à moins qu'on ne connaisse parfaitement la localité. Ce n'est qu'à cette circonstance qu'a dû son salut le ministre plénipotentiaire anglais, sir Alcock, lors de l'attentat qui fut dirigé contre sa vie, en juillet 1862, et dans lequel dix personnes furent tuées et quinze grièvement blessées. On voit encore en plusieurs en-

1. Bonze est la qualification du prêtre japonais.

droits sur le papier des cloisons de grandes taches de sang humain qui datent de cette catastrophe. De l'autre côté de la maison est un vaste parc d'arbres gigantesques, dont elle est séparée par un étang, qu'on traversait sur un pont de bois étroit. Des assassins s'introduisirent aussi de nuit, en 1863, de ce côté, en donnant le mot de passe, tuèrent deux caporaux anglais, mais s'enfuirent à l'arrivée d'une force supérieure, sans avoir pu atteindre leur but qui était d'assassiner le chargé d'affaires anglais, par intérim, colonel O'Neale. A présent le pont sur l'étang est détruit et la maison de la légation est entourée par de doubles et triples palissades de bambou et par de nombreuses maisonnettes pour les postes de garde. Mais, néanmoins, les Anglais ont peur du sol, physiquement et méthaphoriquement volcanique de Yédo, et ont depuis longtemps transféré leur légation à Yokohama, et leur maison de Yédo est inhabitée et négligée. Près du temple est suspendue une grande cloche, qu'on sonne à l'aide d'une poutre de dix pouces d'épaisseur, laquelle est suspendue horizontalement par quatre chaînes. On sonne dans ce pays toutes les cloches de cette même manière; les petites clochettes elles-mêmes n'ont pas de battant, et on les sonne avec un marteau.

Je retournai de là avec mon escorte à la Légation américaine et, après le déjeuner, je me mis de nouveau en route avec cinq autres yacounins pour visiter le célèbre temple d'*Asaksa-Quannon.*

Le fleuve O-Kava, qui est très-large à son embouchure, mais autrement sans importance, divise Yédo en deux parties inégales, dont l'une est appelée Hondjo et l'autre Yédo, proprement dit. Yédo est subdivisé en trois parties, à savoir : Midsi (la ville), Siro (les palais du Taïcoun) et Soto-Siro (les environs de ces palais). Le temple d'Asaksa-Quannon, est presque à l'extrémité de Midsi.

Nous parcourûmes au grand trot les quartiers monotones et uniformes des résidences des Daïmios, cotoyâmes sur une bonne distance le cimetière des Empereurs et ralentîmes la vitesse des chevaux en traversant les quartiers de commerce afin que je pusse les observer plus à mon aise.

Nulle part, je ne vis ni boucherie, ni laiterie, ni boutique de beurre, ni magasin de meubles, puisque les Japonais ne mangent pas de viande, ne connaissent ni lait ni beurre, et ignorent complétement ce que c'est que les meubles. Je vis, par contre, un nombre immense de boutiques contenant des objets de bois laqué, comme par exemple des plateaux, des vases resplendissants comme des glaces et embellis de magnifiques dessins dorés; je vis des boutiques de porcelaines qui pourraient avantageusement rivaliser avec la fabrique de Sèvres, tant pour la finesse de la fabrication que pour la beauté des dessins, des tasses de porcelaine minces comme une coquille d'œuf, et néanmoins très-solides, d'autres entourées d'un treillis très-fort de bambou ou de canne, mais d'une finesse telle qu'il est impossible de reconnaître, sans microscope, si c'est canne ou porcelaine. Mais nous autres Européens nous ne saurions nous servir de ces porcelaines que pour orner nos chambres, parce que ces tasses sont trop petites pour nous, et qu'en outre, elles n'ont ni soucoupes ni anses ; nous ignorons aussi l'emploi des autres porcelaines, de forme fantastique, qui complètent le petit catalogue des ustensiles du ménage japonais. Je descendis de cheval, donnai la monture à un des « *bettos*, » et allai sur une distance de plusieurs milles à pied, pour pouvoir mieux examiner les mille curiosités que les boutiques renfermaient. Je vis beaucoup de magasins d'objets d'art en bronze et en acier, de vases incrustés de grand prix, et, pour donner une idée de la valeur de ces derniers, je peux dire qu'on me demanda 4,300 itzebous (fr. 10,750) d'un vase qui n'était pas encore de toute première qualité ; je vis beaucoup de boutiques contenant des colliers de boules incrustées, d'autres avec des objets d'art en ivoire, des arcs et des sabres. Ces sabres japonais sont très-célèbres dans tout l'Orient, et on m'assure de toutes parts qu'ils ont une solidité et un tranchant tels, qu'on peut couper avec eux d'un coup une tringle de fer de l'épaisseur d'un doigt; on les vend ici à raison de 80 itzebous (fr. 200) les deux sabres, — un grand et un petit. J'offris 100 itzebous pour un seul sabre, pourvu que l'armurier voulût couper avec la lame un clou en ma présence avant que je payasse; mais comme il se refusa à soumettre l'arme à cette épreuve, je ne l'achetai pas, et je crois qu'on m'avait exagéré la qualité de ces sabres, parce que le clou que je voulais faire couper n'avait pas même la sixième partie d'un pouce de diamètre. Les arcs sont encore fort en usage au Japon, et j'en vois ici, dans les boutiques, de deux à trois mètres de long; on les vend à raison de 58 itzebous (fr. 145) la pièce, avec le carquois de bois laqué rempli de flèches. Je remarquai grand nombre de boutiques où on vend de véritables chefs-d'œuvre en fait de sculptures sur bois; les Japonais excellent surtout dans leurs imitations d'oiseaux, mais ils sont inhabiles en sculpture sur pierre, et à peine voit-on de temps en temps des boutiques contenant des petits objets insignifiants sculptés en pierre tendre; on semble ne pas connaître du tout le marbre au Japon. Mes yeux furent frappés par le grand nombre des magasins de soieries japonaises, dans chacun desquels il y a plus de cent employés, hommes et femmes, et qui pourraient rivaliser en grandeur et en richesse avec les plus vastes magasins de Paris; mais leur arrangement intérieur est un peu différent de ce qu'on voit dans les autres pays. Ils sont ordinairement aux coins des rues et entourés de « verandahs » ou de galeries ouvertes; les murs du rez-de-chaussée, qui donnent sur la rue, consistent en châssis tendus de papier ou en portes à coulisses; et, comme dans toutes les boutiques du Japon, on enlève ces châssis ou portes le matin pour les replacer le soir, de sorte que ces magasins sont toujours ouverts sur toute leur longueur et leur largeur. Le plancher est élevé d'un pied au-dessus de la rue, et couvert de nattes fines de bambou bordées de soie. Ces nattes conservent pendant de longues années un air d'extrême propreté, parce qu'on n'y va que pieds nus. Les bottes et les souliers sont inconnus ici, personne n'a d'autres chaussures que des sandales de bois, de paille ou de bambou, qu'on n'omet jamais de déchausser et de laisser devant le plancher natté ; ce dernier est parsemé de tas de dix ou vingt pièces d'étoffe, et à côté de chaque tas, deux employés sont assis sur leurs talons, et les acheteurs qui viennent se mettent auprès d'eux, dans la même attitude, pour examiner l'étoffe et pour marchander. S'ils ont besoin d'autres étoffes, on ne les retire pas d'une armoire ou d'un tiroir, mais on va les chercher au magasin de réserve au deuxième étage, où les marchandises se trouvent dans de petites boîtes de papier, placées les unes sur les autres. Je passai devant un grand nombre de boutiques de sandales, de parapluies et de lanternes de papier, et plusieurs librairies où l'on vend des livres d'instruction, et les livres saints de Confucius et de Mencius, à si bon marché, qu'ils sont à la portée du plus pauvre ; je vis aussi un nombre immense de boutiques de jouets d'enfants que les Japonais fabriquent à si bas prix et avec une telle perfection, et souvent avec un mécanisme si ingénieux qu'ils laissent loin derrière eux les fabricants de Nuremberg et de Paris ; on y achète, par exemple, pour quelques sous, des cages avec des oiseaux artificiels, lesquels se tournent sans cesse au moyen d'un mécanisme que le moindre vent met en mouvement, et pour trois sous on obtient une tortue automate. Le joujou dans la fabrication duquel les japonais excellent particulièrement, c'est la *toupie*, dont il y a ici plus de cent variétés différentes, et l'une toujours plus curieuse que l'autre. Je m'arrêtai aussi à beaucoup de boutiques où étaient étalées des peintures et des tableaux pour lesquels les Japonais semblent avoir une grande passion, mais les représentations des hommes, dans leur vie de tous les jours, y sont très-souvent trop fidèles pour être suffisamment délicates et fines. Naturellement, où les mœurs et les habitudes de la nation offrent partout à l'œil dans les maisons et dans les rues des formes nues ou quasi-nues, sans qu'on ait la moindre idée qu'un tel manque de vêtements puisse être une indélicatesse, là le peintre des coutumes et des mœurs du peuple dessine nécessairement ce qu'il voit continuellement, et il le fait dans des attitudes qui ne correspondent guère aux notions européennes.

La vue d'un étranger fait événement dans la capitale du Japon, et l'on criait de toutes parts : « todsin ! todsin ! » (étranger) avec l'accent d'une vive curiosité quand je passais par les rues. Ces exclamations étaient particulièrement vives quand je me trouvais devant des bains publics, et des scènes semblables à celle de Yokohama se répétaient chaque fois que j'avais le malheur de passer à pied devant un de ces bains.

Nous traversâmes aussi le fameux pont appelé Nipon-Bassi (pont du Japon) d'où on mesure toutes les distances dans le pays. Enfin nous arrivâmes au grand *Propylaeum* du Temple d'Asaksa-Quannon, d'où une longue et belle avenue conduit à la porte intérieure du Temple. Cette avenue est bordée des deux côtés d'un immense nombre de boutiques qui forment un vaste bazar, où on vend principalement des jouets d'enfants, des idoles, des ornements de femmes et surtout des épingles à cheveux dorées, à têtes de verre, creuses et remplies d'un liquide coloré et de paillettes d'or. Cette avenue était encombrée de femmes, d'enfants, de fainéants, d'acheteurs et de vendeurs. Nous nous arrêtâmes dans un cimetière, à côté du temple, laissant nos chevaux à nos « bettos » ; en montant au temple nous vîmes l'écurie des deux chevaux blancs sacrés qui sont au service exclusif du Dieu *Quan-Non;* — les prêtres prétendent qu'il les monte chaque nuit en parcourant sur eux des espaces immenses. Comme partout ailleurs au Japon, ces chevaux sont placés dans l'écurie de telle sorte que leurs têtes se trouvent là où, selon les habitudes en Europe, devraient se trouver leurs queues ; l'écurie est ornée de nombreux tableaux contenant des « *ex votos* » en caractères chinois. A côté de cette écurie s'en trouve une autre contenant un grand cheval de bois laqué ; devant ces deux écuries séjourne un vendeur de fèves cuites, et les dévots en achètent pour les donner en offrande tant aux deux coursiers vivants qu'au cheval de bois.

Sur le temple est un grand nid de cigognes,

dont on voyait les deux propriétaires avec leur nombreuse progéniture ; ce nid est un ornement pour l'édifice.

J'entrai dans le temple avec mes cinq officiers de police et je restai plus d'une heure pour en examiner les détails ; une foule de plus de cent personnes des deux sexes et de tous les âges se pressait continuellement autour de moi en criant : « Todsin ! Todsin ! » et mon escorte eut la plus grande peine à les empêcher de me toucher et de m'arracher le morceau de corail que je porte à la chaîne de ma montre, et qui était partout au Japon et particulièrement ici au temple, l'objet d'une vive curiosité.

Le temple a de vastes dimensions. Au milieu du grand sanctuaire sur une « *chouboutra,* » espèce d'estrade ou de piédestal, est le grand autel en bois laqué noir sur lequel se trouve un dais doré en forme de maison. De chaque côté de ce dais; on voit une idole dorée de soixante-six centimètres de haut et, de front des fleurs de lotus de bronze doré d'un mètre de haut; il y a à droite et à gauche deux autres dais, dont chacun contient une vingtaine de statuettes dorées de divinités féminines. Un prêtre en longue robe pourpre officiait devant l'autel, brûlait de l'encens, sonnait une cloche en la battant avec un marteau et récitait des prières en joignant les mains à plat sans entrelacer les doigts, tandis qu'une vingtaine d'autres « *bonzes* » chantaient des hymnes en langue sanscrite. A droite et à gauche du grand sanctuaire, est placé un sanctuaire de moindre dimension, orné d'un grand nombre d'idoles dorées ; dans celui de gauche on voit, à côté des divinités, les portraits d'un grand nombre de courtisanes, natives de Yédo, qui se sont distinguées par leurs grâces et leurs charmes ; quelques-uns de ces portraits sont peints sur soie, les autres sur papier, — tous sont encadrés.

Rien ne saurait mieux donner une idée des mœurs du peuple japonais que la présence de ces portraits dans le sanctuaire du plus grand et du plus célèbre temple du pays.

Dans tous les autres pays, on plaint les courtisanes et on les tolère, mais on regarde leur état comme déshonorant et infâme, et jusqu'à présent j'ai eu beaucoup de peine à concevoir, que les Japonais puissent envisager leur condition comme honorable; mais les voir aller jusqu'à rendre des honneurs divins à ce qui, par toutes les autres nations du monde, est considéré comme déshonneur et infamie — cela me parut un paradoxe si inouï, si inconcevable, si énorme, que je restai longtemps comme stupéfait devant les images divinisées de la prostitution, sans pouvoir revenir de mon ébahissement.

Au milieu du temple, il y a sous un dais ouvert la statue en bois de Budha et devant elle une caisse fermée par une grille. Chacun jette quelques pièces de « *Kash* » dans cette caisse, touche et retouche la face de l'idole et se frotte ensuite sa propre figure avec la même main.

Par ce frottement continuel une grande partie de la figure de l'idole a déjà disparu. Il y a des caisses semblables, mais beaucoup plus grandes, devant les trois sanctuaires et chacun y jette quelque chose avant de prier. Tant les murs que les grandes colonnes qui supportent le plafond sont couverts de statuettes et d'images de divinités, et à toutes celles qu'on peut atteindre avec la main on a attaché des offrandes, tandis que sur les autres, qui sont suspendues trop haut, on a lancé au moyen d'un soufflet ses vœux écrits sur de petits morceaux de papier en forme de boulettes humectées. Ces boulettes se collent sur les idoles sur lesquelles elles sont lancées et y restent fort longtemps ; il y en a beaucoup sur les portraits des courtisanes, ce qui me prouve usqu'à l'évidence que celles-ci sont divinisées.

Vingt lanternes de papier d'une grandeur énorme se trouvent suspendues dans le temple et parmi elles j'en ai compté plusieurs de sept mètres de long et de trois mètres trente centimètres de large. Tout ce que j'ai vu jusqu'à présent de la religion japonaise me donne la conviction que cette religion ne pénètre pas profondément dans la vie du peuple, et que les classes supérieures de la société japonaise sont plus ou moins sceptiques. Leurs cérémonies religieuses et leurs temples sont amalgamés d'une manière étrange avec leurs divertissements publics.

Dans la vaste cour du temple d'Asaksa-Quannon, il y a des exhibitions de figures semblables à celles de madame Tussaud en Bakerstreet à Londres, des *Jardins de Thé,* des bazars, dix galeries pour s'exercer au tir à l'arc, des théâtres, des exhibitions de jongleurs de toupies, etc.

Je ne crois pas qu'un tel mélange puisse s'accorder avec de sérieuses convictions religieuses.

Je visitai dans la cour du temple tous ces divertissements et j'admirai particulièrement l'art de lancer les toupies. Le jongleur lança des toupies haut dans l'air, les rattrapa sur la pointe de sa pipe, puis, tout en parlant avec elles comme si elles étaient des hommes, — il leur indiqua la route qu'elles devaient suivre : à l'une il commanda de se tourner sur la pointe de son sabre et d'aller et de retourner sur le tranchant ; à une autre toupie il ordonna de faire l'ascension d'une corde tendue sous un angle de vingt degrés et puis de descendre ; une troisième fut lancée en l'air, il la rattrapa sur un doigt et lui commanda de monter le long de son bras, de faire ensuite le tour de son dos et de retourner par l'autre bras; et les toupies obéissaient toujours comme des êtres vivants, et pourtant je puis jurer qu'elles étaient sans mécanisme intérieur. La force et l'adresse du jongleur étaient telles, qu'une toupie, à laquelle il ne donna apparemment qu'une faible impulsion avec deux doigts, tourna pendant dix minutes.

Si jamais cette page tombe sous les yeux du fameux américain M. Barnum, je lui conseille d'abandonner l'exhibition des nains et de la vieille négresse sourde, muette et paralysée qu'il prétend être la nourrice du grand Washington et de se hâter de venir au Japon afin d'engager un jongleur de toupies pour donner des représentations en Europe et en Amérique; c'est un art merveilleux qui ne pourrait pas manquer d'exciter la juste admiration de tout le monde civilisé et de lui rapporter des millions par an. Il est vrai qu'il est sévèrement défendu aux Japonais d'émigrer, mais il n'y a rien d'impossible pour M. Barnum.

Je visitai ensuite le grand théâtre, appelé en japonais : « Taïsibaya, » malgré mes cinq yacounins qui voulaient m'en empècher à toute force. C'est un vaste édifice en bois à deux étages, qui peut contenir six à huit mille personnes. Ce théâtre est bien différent des théâtres chinois, puis qu'il y a ici une scène de vingt-trois mètres de large, et en outre un rideau, des coulisses et des décorations comme en Europe, mais de qualité inférieure. Au lieu de belles peintures on voit, au milieu du rideau, des inscriptions japonaises en caractères chinois d'un mètre et demi de long, et, à l'entour, des hiéroglyphes de moindres dimensions, entrecoupées de fleurs. Dans tout le théâtre il n'y a ni chaise, ni banc, ni table, et tant le parterre que les galeries en bas et en haut sont tapissés de nattes de bambou de deux mètres de long et deux mètres de large, sur lesquelles les spectateurs s'asseoient sur leurs talons.

On donna d'abord une pièce dramatique et ensuite des pièces burlesques, qui furent jouées si admirablement bien, qu'on pouvait tout comprendre sans connaître la langue japonaise. Ici, comme en Chine, il n'y a ni régisseur ni souffleur, car les comédiens n'ont absolument besoin ni de l'un ni de l'autre. Au lever du rideau on vit trois *coolis*, ou portefaix, assis sur leurs talons dans la rue et jouant aux dés, un officier de police survint et les arrêta parcequ'il est sévèrement défendu au Japon de jouer dans les rues. Mais les trois délinquants prodiguèrent tant de mots flatteurs à l'officier qu'il se laissa enfin séduire et prit part au jeu. D'abord la fortune lui était favorable et il gagna, mais, excité par le gain, il commença à jouer gros jeu et perdit non-seulement ce qu'il avait gagné, mais aussi tous les itzebous et tempos qu'il avait sur lui. Puis, voulant à tout prix regagner ce qu'il avait perdu, il mit en jeu son éventail, sa blouse, sa casquette laquée, son pantalon, ses sandales, sa chemise, et enfin même son sabre; mais le malheur voulut qu'il perdît tout et qu'il restât tout nu sur le pavé. Les trois ouvriers se partagèrent sa garde-robe et prirent la fuite. Alors arriva le gouverneur de la ville, qui resta stupéfait de voir son officier tout nu sur la voie publique. Celui-ci se prosterna devant lui et se remettant ensuite à genoux et tenant le front profondement incliné, il lui raconta que des larrons venaient de l'attaquer et de le dévaliser, et il le pria de lui pardonner la perte de son sabre [1] ! Il mit tant de persistance et versa tant de larmes que le gouverneur en fut touché et lui accorda plein pardon.

Au même instant arriva une jeune femme qui avait été l'amante de l'officier, mais celui-ci l'avait abandonnée et dépouillée de tous les ornements qu'elle avait reçus de son précédent maître, et il en avait fait cadeau à sa nouvelle maîtresse. Elle se plaignit de ses torts au gouvernèur et ajouta que l'officier lui avait dit des mensonges, qu'il n'avait été ni attaqué ni volé, mais qu'il avait été victime de sa propre imprudence au jeu. Le gouverneur en courroux dit alors à l'officier qu'il mourrait sur l'heure même d'une mort ignominieuse, par la pendaison, s'il ne faisait à l'instant le *hara-kiru* (la coupe du ventre). La

1. La perte d'un sabre est considérée comme un déshonneur qui entraîne la peine capitale. Les lois sont sommaires et draconiennes au Japon.

jeune femme s'empressa alors d'aller chercher un sabre, et l'officier, après avoir humblement remercié le gouverneur pour la grâce qu'il venait de lui accorder de mourir d'une mort honorable, adressa une courte prière aux dieux, empoigna des deux mains le sabre et sembla exécuter le *hara-kiru*, en tombant par terre dans une mare de sang; il implora en mourant le pardon de son ancienne amante, et en poussant un grand soupir il parut expirer; puis le rideau tomba.

L'opération du *hara-kiru* était si naturelle que tous les spectateurs semblaient en être dupes, et on vit des larmes dans tous les yeux. On appela l'officier avec frénésie, et quand il reparut sain et sauf, il fut accueilli par de vives acclamations de joie. Je ne puis pourtant pas m'expliquer comment on a fait pour obtenir la mare de sang, car l'acteur n'avait pas même une ceinture dans laquelle le liquide aurait pu être caché.

On représenta ensuite plusieurs vaudevilles, mais on aurait pu trouver que le rideau tombait toujours trop tard, si les spectateurs japonais étaient susceptibles d'être offensés par des spectacles obscènes.

Le théâtre était comble, et il y avait autant de femmes que d'hommes ; du reste tout le monde semblait se divertir excessivement.

Vraiment, je ne puis pas concevoir comment des sentiments de pureté et de sainteté peuvent exister dans la vie d'un peuple, où non-seulement les deux sexes fréquentent les mêmes bains publics ; mais aussi où les femmes de tous les âges se divertissent au plus haut degré comme spectatrices de tableaux obscènes.

Nous ne quittâmes le théâtre qu'à six heures du soir, et comme M. Portman m'attendait à dîner à sept heures, nous allâmes presque toujours au galop ; mon avant-garde dispersait la foule qui encombrait les rues, par des cris continuels : « Haï! haï! abonaï! » (Attention, prenez garde) ; nous arrivâmes ainsi à sept heures et et demi à la légation au temple de Dsen-fou-si. Le mot d'ordre était pour cette nuit, à la question : « dare » (qui vive) Taï [1]. Je suis ici à Yédo tout à fait comme prisonnier, et quoique la cour et les alentours de la maison de la légation soient soigneusement gardés par des centaines de « yacounins » armés, plusieurs officiers de police me suivent chaque fois que je vais au bain ou à l'écurie, bien que l'un ou l'autre se trouve dans cette même cour; en vain protesté-je contre ces ennuyeux excès de soins qu'on prend pour ma sauvegarde, en vain je me perds en conjectures pour en deviner la cause ; j'en suis d'autant plus surpris que je sais parfaitement que les Yacounins ne me prodiguent point leur ennuyeuse surveillance par intérêt, car la plus grande offense qu'on pourrait leur faire, ce serait de leur offrir de l'argent, et ils se feraient plutôt le *Hara-kiru*, que d'accepter une gratification. Mais si cet excès de zèle, dont je suis

1. Le mot Taï signifie : grand. Phoon signifie en japonais et en chinois : « vent » et Taï-phon : le grand vent ou l'ouragan ; ainsi l'étymologie du mot anglais Typhoon (ouragan) n'est point du mot grec : τύφιων, mais des deux mots chinois Taï et Phoon.

l'objet, me fatigue pendant le peu de jours que je passe à Yédo, combien est alors à plaindre mon illustre hôte le chargé d'affaires, M. Portman, qui est tout autant surveillé que moi et ne peut jamais sortir dans la rue sans avoir une avant-garde de deux et une arrière-garde de trois officiers de police!

Hier, 27 juin, je partis de grand matin avec cinq yacounins pour visiter la célèbre pépinière de *Dangozaca*, le parc, les fameux jardins de thé d'*Od-si*, et retourner de là par le temple d'*Asaksa-Quannon*, que je désirais voir encore une fois ; c'était une tournée de trente-cinq milles anglais, et il fallait se dépêcher pour avoir le temps de voir tout et de prendre des notes.

Nous parcourûmes d'abord au galop un grand nombre de rues et de places publiques, bordées de palais de Daïmios, et puis la belle avenue qui longe le vaste fossé des palais du Taïcoun; ce fossé est toujours couvert d'une masse innombrable de volailles sauvages, tels que oies, canards, etc., qui se sentent ici tellement en sécurité que rien ne semble pouvoir les effaroucher, parce que, sous peine de mort, personne n'ose les tuer, ou seulement les molester.

Nous rencontrâmes en route plusieurs processions de Daïmios ou de membres de familles de Daïmios, portés dans des *norimons* noirs laqués, précédés et suivis par un grand nombre de satellites à pied et à cheval, armés de deux sabres, et tous avec des chapeaux de bambou laqués et dorés, et avec des tuniques de couleur bleu-clair, sur le dos desquelles était indiqué en grands caractères chinois le nom et le rang du maître; des pantalons étroits de couleur foncée, des bas bleus et des sandales complétaient leur habillement ; ils faisaient belle figure et constituaient un train imposant; ces processions étaient toujours suivies par dix ou douze *coolis* portant sur des perches de bambou des bagages enveloppés de papier noir huilé.

De l'extrémité nord du Siro [1], d'où on jouit d'une vue superbe sur Yédo, notre route descendait dans la partie basse de *Midsi* [2], dont elle

1. Siro, c'est ainsi que sont appelés les palais du Taïcoun.
2. Midsi est la ville.

parcourait le quartier le plus commerçant, et les rues étaient tellement encombrées de monde que les cris de mon avant-garde : « Haï! haï! abonaï! » n'aidaient plus à rien, et nous étions forcés de ralentir le pas de nos montures pour ne pas causer quelque malheur.

Nous passâmes ensuite de nouveau au trot par des quartiers occupés par des palais de Daïmios, parmi lesquels on distingue à sa vaste étendue le palais du prince Kanga-Maida-Kaga-no-Kami, qui est l'homme le plus riche du Japon, et nous entrâmes ensuite dans les grands quartiers des maisons de campagne, qui sont toutes pourvues d'un beau jardin dont une grande partie est toujours occupée par des pépinières d'*arbres-nains* [1], et de plantes rares.

Nous arrivâmes, après une marche de deux heures et demie, à Dangozaca, fameuse pépinière située sur la pente d'une colline avec un grand

1. *Dwarf-trees*, ou en allemand *Zwergbaume*; je ne sais pas traduire autrement que par arbres-nains, toutefois je crois qu'il y a pour ce mot une meilleure expression dans dans la langue technique de l'horticulture.

escalier de granit et maintes imitations de rochers. On y voit une masse énorme d'*arbres-nains* de toute espèce, élevés avec art dans de grands pots à fleurs et rendus nains par des attaches de bambou, et entre autres des *pins* qui n'ont qu'un mètre et demi de haut, et dont les branches parfaitement horizontales forment des parapluies de six mètres et demi de diamètre. On y remarque en outre un grand nombre d'arbres, auxquels l'art du jardinier a su donner la forme d'animaux, comme par exemple, de tigres, de chameaux, d'éléphants, etc. Mais ce que je vis de plus merveilleux, c'était un *pin* en forme de grenouille, à douze tiges, qui se joignaient à neuf ou dix pouces au-dessus du sol dans une seule tige, et un oranger qui n'avait que soixante centimètres de haut, mais à la tige duquel on avait su donner une épaisseur de cinq pouces en coupant toujours les branches.

La partie de Yédo qu'on voit de la colline de Dangozaca a l'apparence de deux vastes villes au milieu d'une forêt.

Nous continuâmes notre route à travers de

beaux jardins et de beaux parcs jusqu'à Od-si, charmant village, célèbre par ses *jardins de thé*, situés sur le bord d'une rivière, qui y forme une magnifique cataracte. De l'autre côté de ce fleuve s'élève une colline d'environ trente-trois mètres de haut avec un magnifique parc de bambous et d'arbres gigantesques. J'y montai avec mes infatigables yacounins par un escalier de granit, et je trouvai au milieu du parc le célèbre temple *Gongen-sama-notera*, qui a été érigé par *Hiéas*, le fondateur de la dynastie des Taïcoons actuels. Ce sanctuaire est orné de peintures encadrées d'oiseaux et de portraits de courtisanes qui se sont distinguées par leurs charmes ; il y a en outre de belles sculptures sur bois représentant des oiseaux et des arbres, des vases de bronze, des objets de bois laqué et quatre lanternes de bronze de deux mètres de haut en forme de tours fantastiques et d'un travail admirable. Devant la porte on voit un grand tambour de bronze et un *Propylaeum* contenant deux idoles rouges de grandeur colossale. De belles avenues entrecoupent ce magnifique parc. En descendant, j'entrai dans une pépinière d'*arbres-nains*, et je trouvai une maisonnette de quelques pieds de haut, qui sert de sanctuaire ou de petit temple, mais ne contient que deux mauvaises peintures représentant deux chiens qui veillent à un feu. Ce jardin semble être situé à une extrémité de la vaste ville, puisqu'on ne découvre de là, dans la plaine, que des rizières.

J'allai avec mes cinq *Argus* à un des nombreux et magnifiques jardins de Thé, qui bordent la rivière; j'y avais commandé le déjeuner en montant au temple. Ces jardins de Thé[1], sont des maisons en bois à deux étages, qui resplendissent de propreté; les planchers polis ou laqués sont couverts de belles nattes de bambou bordées de soie et, comme partout ailleurs, ces maisons sont parfaitement dépourvues de meubles; le service est fait par un nombreux personnel de jeunes filles de douze à dix-sept ans, d'une beauté éclatante, habillées coquettement de lon-

1. Je rappelle que Jardin de Thé est une expression japonaise qui signifie simplement : *Maison de Thé*.

gues robes, serrées par de grandes ceintures, de telle sorte que la partie inférieure de la robe permet à peine à la propriétaire de marcher, et montre une tendance *anti-crinoline* des plus prononcées. Elles ne sont chaussées que de sandales de bois, qu'elles laissent toujours devant le plancher natté des chambres, et leurs coiffures sont de véritables chefs-d'œuvre de l'art du perruquier. Aussitôt qu'un convive entre et s'assied sur ses talons, une des jeunes sirènes lui apporte, en faisant une profonde revérence, une pipe et une petite caisse de bois laqué contenant deux vases de bronze, dans l'un desquels il y a du tabac et dans l'autre des cendres avec des charbons brûlants, tandis qu'une autre sirène lui présente, également avec une profonde inclination de corps, sur un plateau de bois laqué, à dessins dorés représentant le volcan Fusiyama ou des Cigognes, une petite coupe remplie de thé vert, sans sucre ni lait. Ces maisons sont environnées de jardins à fleurs, qui bordent le fleuve et sont ornés de beaux pavillons ouverts et d'arbres nains. Pour nous séparer des autres convives, on nous conduisit dans un de ces pavillons, d'où l'on voyait, à peu de distance, la cataracte.

Une des jeunes demoiselles me servit dans des jattes rouges de bois laqué, revêtues d'abondantes dorures, du riz, du poisson cru et du poisson cuit, à une sauce très-appétissante, des homards, des herbes de mer, des rejetons de bambou (qui ressemblent aux asperges), des œufs durs ; puis dans un vase d'étain, en forme de trompette, du *Saki* froid, et une petite coupe de porcelaine au lieu d'un petit verre. Comme je ne pouvais pas parvenir à m'asseoir à la japonaise, sur mes talons, je me mis en position horizontale auprès de mon déjeuner. Une autre jeune femme servit à mes cinq yacounins du riz, du poisson cru et cuit, des conserves, et, l'une après l'autre, au moins six théières avec du saki chaud, que ces gens préfèrent au saki froid. On m'apporta ensuite le compte, qui montait à six itzebons (15 francs).

Après le déjeuner nous partîmes dans l'ordre habituel pour le temple d'Asaksa-Quannon. La route était presque constamment bordée de maisons de campagne. de pépinières et de jardins de légumes. Les seuls objets intéressants que je vis en route, sont une forge et une école japonaises. J'entrai dans l'une et l'autre, pour les examiner de plus près.

La salle de l'école était, dans toute sa longueur, ouverte sur la rue, et il n'y avait naturellement, ni bancs ni tables; une soixantaine de petits garçons de quatre à six ans étaient assis sur leurs talons, sur le plancher tapissé de nattes, et chacun tenait à la main un rouleau de papier, sur lequel il imitait les mots ou les sons japonais, que le maître écrivait en caractères chinois, à la craie blanche, sur une planche noire placée obliquement.

Celui-ci me fit les honneurs de l'école, mais, en raison de la difficulté de nous comprendre mutuellement, notre conversation ne fut ni longue ni intéressante; pourtant je compris, qu'à cause de la nature compliquée des différentes écritures japonaises, on enseigne d'abord à la jeunesse à écrire le japonais avec des caractères chinois.

Ce qui frappa mon attention dans la forge, c'est un *soufflet* double, de construction aussi ingénieuse que simple; il consistait en une caisse fermée, placée longitudinalement, d'un mètre seize centimètres de long, sur trente-neuf centimètres de large et quarante-deux centimètres de haut. Pour l'entrée de l'air il y a deux soupapes, dont l'une se trouve dans la planche de devant et l'autre dans celle de derrière. Dans le fond de la caisse est un trou, qui communique à l'aide d'un tube souterrain, avec le feu, lequel se trouve dans un large trou de huit centimètres de profondeur, à fleur de terre, au milieu de la forge. Devant la caisse est assis un garçon qui ne fait que tirer à soi ou repousser du pied la poignée du tampon de l'espèce de pompe qui se trouve dans la caisse et, soit qu'il la tire à lui, soit qu'il la repousse, le vent sort toujours avec grande véhémence, par le canal souterrain, et anime le feu.

Je restai quelques heures dans le temple d'A-

saksa-Quannon et dans les places de divertissement qui l'entourent, et retournai ensuite à la Légation des États-Unis, au temple de *Dsen-fou-si*. Le mot de passe était hier soir à la question : *dare* (qui vive!). *Musmé* (femme).

Je fus éveillé ce matin, à quatre heures et demie, par le son de la cloche, qui convoquait— comme toujours, à cette heure — les bons prêtres de notre temple, à chanter la messe du matin. Je me hâtai de m'habiller pour voir la cérémonie.

A peine sorti de ma chambre, je fus accosté par trois yacounins qui me suivirent au temple. Le service était le même qu'au temple d'Asaksa-Quannon; le prêtre en longue robe pourpre officiait devant l'autel, sur lequel était allumée une masse de cierges; vingt autres prêtres étaient assis sur leurs talons et chantaient des hymnes en langue sanscrite. Tous les prêtres du Japon se rasent la tête et sont voués au célibat. La religion primitive du pays est celle de *Sintou*, qui est encore observée. On importa en outre, de Chine, il y a treize ou quinze cents ans, les doctrines de Confucius, et enfin, au VIIe siècle de notre ère, la religion de Budha; cette dernière est à présent la religion dominante.

Je partis ce matin à sept heures et demie avec une escorte de six officiers de police à cheval, dont un me quitta plus tard; six bettos nous suivirent — comme toujours — au pas de course.

Nous allâmes directement au temple de *Scangava Hatsiman*, en passant par la partie de la ville que je n'avais pas encore visitée.

Nous passâmes presque toujours dans le voisinage du port, par des rues bordées de palais de Daïmios; nous parcourûmes ensuite plusieurs grands quartiers commerciaux et traversâmes le long pont appelé *Yetaï-Bassi*, lequel est jeté sur le fleuve O-Kava, tout près de son embouchure. En une heure trois-quarts, nous arrivâmes au temple de Scangava-Hatsiman, qui est un des plus beaux de Yédo. Nous entrâmes par une grande porte de granit, d'où un chemin dallé de grands blocs de pierre mène directement au temple, à travers la vaste cour, en passant par différents *propylaca*.

Le temple est en bois et se trouve sur une espèce de *chouboutra*, ou piédestal en pierre. Devant l'édifice, il y a, à droite et à gauche, un lion et une magnifique lanterne de granit à fenêtres de papier; ces lanternes ont deux mètres et demi de haut et sont placées sur des piédestaux de deux mètres d'élévation; à quelques pas plus loin on voit deux lanternes de bronze, ornées de dragons et d'inscriptions, de deux mètres soixante-sept centimètres de haut, sur des piédestaux de granit de soixante centimètres d'élévation. A droite est une cloche sans battant de deux mètres de haut, qu'on sonne à l'aide d'une poutre horizontale. Le temple est orné de belles sculptures en bois, et les murs et le plafond sont embellis de peintures représentant des cigognes. Le sanctuaire consiste en deux pièces, dans chacune desquelles il y a des autels, des jattes de bois laquées, une masse d'idoles, des lions de bronze, des vases d'argent, des fleurs de lotus dorées, etc., etc. Je fus suivi dans ce temple par une foule immense aux cris de : *todsin! todsin!* Derrière le temple, sur la cîme d'un arbre sec, se trouve un nid de cigognes.

Je me rendis de là avec mon escorte au temple de *Sakee-Benten*, à côté duquel se trouve, sur un piédestal d'un mètre de haut, un *daïbouts*, ou idole masculine, de bronze, posée assise sur ses talons et mesurant deux mètres vingt-deux centimètres de haut.

A quelques pas de ce temple et sur le rivage même de la mer, on voit un jardin de thé; nous y prîmes l'infusion favorite du pays dans un pavillon d'où on jouit d'une vue superbe sur le port et sur les jardins voisins remplis de pins, dont l'art du jardinier a conduit toutes les branches hozizontalement. Il y a dans ce jardin de thé un télescope de fabrication japonaise, mais on voit encore mieux avec les yeux non armés que par cet instrument. Je retournai à la légation par le second pont appelé *Líogokou-Bassi.*

Après le déjeuner, je visitai le parc du temple d'*Akabané,* qui a servi de cimetière japonais, et qui est remarquable parce qu'il contient le tombeau de Henry Heusken, interprète à l'ambassade des États-Unis d'Amérique, qui fut assassiné ici le 19 janvier 1860; c'est le seul chrétien mort ou enterré à Yédo. Il est sans doute aussi le seul étranger qui soit jamais parvenu à lire et à écrire correctement le japonais, et c'est la connaissance parfaite de cette langue qui a été la cause de sa mort, parce que les Japonais avaient peur qu'il ne vît trop bien et qu'il ne révélât les secrets de leur système gouvernemental. Ce cimetière est considéré par le peuple comme profané depuis que Henry Heusken y est enterré, et il est à présent abandonné.

La société japonaise est divisée en six classes ou castes distinctes, dont les trois premières sont séparées l'une de l'autre et des trois dernières presque aussi rigoureusement que le sont les castes des Hindous dans les Indes. La première classe est celle des *samourvis* (nobles), qui ont de grands priviléges et portent deux sabres. La deuxième classe est celle des *bosans* (hommes de lettres), à laquelle appartiennent les prêtres et les médecins, qui ont également le droit de porter deux sabres. Dans la troisième classe on range les pêcheurs, les artisans, les marins, les marchands et les agriculteurs. Personne de cette classe ne peut parler à quelqu'un de la première classe sans se mettre devant lui à genoux. La quatrième classe est celle des *hettas* (hommes qui versent le sang), et on y range les bourreaux, les écorcheurs et les tanneurs, qui sont tous considérés comme impurs et doivent demeurer hors des villes; ils sont gouvernés par un *dan-saïman* (roi), qui réside à Yédo et paye un tribut considérable au Taïcoun. La cinquième classe est celle des *kotsedjikis* (mendiants), qui sont subdivisés en quatre catégories dont chacune a un chef à Yédo. Une de ces catégories ne contient que d'anciens nobles dégradés qui, honteux de l'état de misère auquel ils sont réduits, cachent complétement leur figure sous un immense chapeau de bambou, en forme de tuyau, de soixante-six à soixante-dix centimètres de long qui repose sur leurs épaules. L'incognito de ces malheureux est protégé par l'État, et il est défendu sous peine de mort de lever leur masque. La sixième classe est celle des *kristens* (chrétiens). Ce sont les descendants des Japonais qui ont embrassé le christianisme vers le milieu du XVIIe siècle, et qui furent massacrés en 1684; on épargna alors la vie de leurs enfants qui furent élevés dans la religion de Budha, mais quoique celle-ci ait été la foi de leurs descendants jusqu'à présent, et bien qu'ils n'aient pas la moindre idée du christianisme, ils sont profondément méprisés, considérés comme impurs et forcés d'habiter un quartier isolé de Yédo.

Comme il n'y a pas d'état civil au Japon et comme le gouvernement ne fait pas de *cens*, il est difficile d'indiquer, même approximativement, le chiffre de la population de Yédo, lequel est diversement estimé de deux millions et demi à trois millions d'habitants.

Le chargé d'affaires, M. Portman, qui a visité le pays en qualité de secrétaire du commodore Perry, en 1854, et qui réside depuis 1859 constamment à Yédo, croit que le nombre des habitants de cette capitale ne surpasse pas deux millions et demi, et qu'il se divise ainsi :

Fonctionnaires, domestiques et soldats appartenant à la maison de l'empereur. .	225,000
Daïmios et leurs satellites.	600,000
Hettas, mendiants et kristens. . .	50,000
Clergé et médecins..	225,000
Marchands, artisans, pêcheurs, agriculteurs, marins.	1,100,000
Pèlerins et voyageurs.	200,000
Courtisanes.	100,000
	2,500,000

Toute cette population est purement japonaise et les seuls étrangers qui se trouvent à présent à Yédo sont les chargés d'affaires, M. Portman et moi. Mais, même à la population des trois ports de mer ouverts au commerce étranger, les autres nations n'ont fourni qu'un très-faible contingent, et le nombre des étrangers est :

A Yokohama, environ. .	200
A Nangasaki, — . .	100
A Hakodadé, — . .	15
Ainsi, en tout au Japon.	315

Ils habitent à Yokohama un quartier séparé, sur le rivage de la mer; leurs maisons sont à deux étages, à fenêtres vitrées et entourées de *verandahs* en bas et de galeries en haut; elles sont invariablement bâties au milieu de beaux jardins plantés de fleurs et d'arbres. Parmi ces jardins se distingue celui de mon jeune ami M. W. Grauert, par sa riche collection de palmiers, de camélias et d'arbres conifères. L'ameublement de sa maison prouve aussi à l'évidence à la fois le bon goût et le talent du maître et l'ingéniosité de son charpentier japonais, qui a fabriqué tous les meubles d'après les dessins de M. Grauert et sans avoir jamais vu un meuble *in natura*, puisqu'il n'y en a pas au Japon.

VI

Je prévois qu'à mon retour à Saint-Pétersbourg, mes amis me demanderont comment j'ai trouvé la civilisation au Japon, et je devrai nécessairement leur répondre par la question : « Qu'est-ce que vous entendez par ce mot civilisation? « Si l'on entend par ce mot une civilisation *matérielle*, alors je dirai que les Japonais sont très-civilisés, car dans les arts industriels ils sont parvenus au plus haut degré de perfection qui pourrait être atteint sans l'aide de machines à vapeur ; — en outre, l'éducation est ici plus générale même que chez les nations les plus civilisées de l'Europe, et tandis que tous les autres peuples de l'Asie, et même les Chinois, tiennent leurs femmes dans une ignorance complète, il n'y a au Japon ni homme ni femme qui ne sache au moins lire et écrire la langue du pays en caractères japonais et chinois. Mais si on entend par le mot civilisation : propager et conserver ce qu'il y a de vital dans la religion, — dans la religion comme les chrétiens la comprennent, — pour stimuler les plus hautes aspirations du cœur et les plus nobles conceptions de l'intellect, pour détruire la superstition et inculquer la tolérance, si on appelle cela civilisation, alors certainement la nation japonaise n'est rien moins que civilisée, parce que, outre les puissantes raisons, énoncées dans les précédentes pages, qui doivent nécessairement s'opposer chez les Japonais à l'éclosion des nobles sentiments faits pour susciter la pratique des plus sublimes vertus qu'on voudrait considérer comme la haute expression de la civilisation, il y a encore d'autres causes qui devront forcément maintenir dans un état infime les aspirations morales de ce peuple. C'est d'abord la tendance répressive du régime féodal qui limite et supprime l'exercice des libres énergies, puis le malheureux système d'espionnage *secret* et *avoué*, sur lequel est basé tout le gouvernement du Taïcoun, dont la délation est l'arme la plus puissante. Jamais un employé du gouvernement ne va seul, il est toujours accompagné d'un *ometzky*, — (traduction littérale : œil qui voit, ou espion), — qui surveille toutes ses actions, et en fait un rapport au gouvernement. Depuis que je suis ici, un des gouverneurs du ministère est venu chaque soir pour affaire chez M. Portman, et chaque fois il était accompagné d'un ometzky pour le surveiller. Ce système d'espionnage, semblable à un réseau ou filet artificiellement tissé, est étendu sur chaque famille des deux premières classes, il sème la méfiance dans le peuple et rend la vérité aussi impossible que l'honnêteté. Aussi il est tout naturel que le *mensonge* soit devenu chz les Japonais plus qu'une mauvaise habitude, parce qu'il est une institution et un des ressorts qui impriment le mouvement régulier à tout le mécanisme de leur système gouvernemental et de leur administration.

Le Taïcoun est animé des meilleures intentions à l'égard des relations étrangères, et voudrait leur donner toute l'étendue et toute l'activité dont elles sont susceptibles, parce qu'il voit bien que tant les intérêts de l'agriculture que ceux de l'État ne pourraient qu'en profiter énormément. Mais malheureusement il est contrôlé par les Daïmios ou princes féodaux, qui sont les véritables dominateurs du pays et qui ne consultent que leurs propres intérêts. Ces princes ont assez d'esprit pour voir que l'extension des relations commerciales devrait nécessairement mettre les étrangers de jour en jour plus en rapport et en contact avec les Japonais, dont le progrès intellectuel et moral ne pourrait pas manquer de produire des changements fondamentaux, dont le premier serait la destruction de leur jalouse et restrictive domination féodale. Voilà la cause unique de leur constante hostilité contre l'établissement des relations étrangères et contre leur développement. Ce sont ces Daïmios aussi qui excitent continuellement le peuple contre les étrangers, et rendent d'ici longtemps l'ouverture du port de Yédo impossible, parce que le gouvernement japonais serait impuissant à défendre les étrangers qui voudraient s'y établir, et leur vie ne pourrait être protégée que par une grande armée étrangère, qui placerait son camp à côté de leurs maisons et ferait parcourir la ville, jour et nuit, par de fortes patrouilles.

Même une imposante flotte étrangère, stationnée dans le port de Yédo, ne saurait empêcher les nouveaux colons étrangers d'être tous massacrés, parce que, à cause du peu de profondeur de l'eau, les grands navires ne peuvent ancrer qu'à une distance de quatre à cinq milles du rivage, et que la plus petite embarcation ne peut parvenir jusqu'à la ville à marée basse.

Mais aucune des grandes puissances admises par les traités ne se souciera jamais d'envoyer une armée au Japon pour protéger son trafic à Yédo, car en définitive les frais seraient loin d'être couverts par les bénéfices.

Le commerce du Japon avec la Russie et la Prusse est nul; avec la France, la Hollande et les États-Unis il se réduit à peu de chose. En effet, le tiers au moins de tout le commerce étranger du Japon se fait avec l'Angleterre, mais néanmoins il n'atteint pas même à un cinquantième de tout le commerce extérieur de la Grande-Bretagne; il est donc certain que celle-ci ne voudrait pas tenir une armée de 30,000 hommes à Yédo, même au risque de perdre ses relations avec le Japon. Je crois qu'on fait déjà à présent pour la préservation du commerce avec le Japon plus de frais que les bénéfices n'en comportent, puisqu'il y a dans le port de Yokohama :

7 navires de guerre anglais;
2 — — français;
1 — — hollandais;

puis un régiment de troupes de terre de 800 anglais et 120 soldats français, en outre, un navire de guerre anglais à Nangasaki.

Tant par suite de la baisse énorme des prix des

soies, des thés et des cotons en Europe, qu'à cause des nouvelles et toujours nouvelles entraves opposées de la part du gouvernement japonais, — et produites par la haine des Daïmios, — le commerce est depuis un an tellement languissant à Yokohama, qu'il y a peu de négociants qui fassent leurs frais ; et à peine en pourrait-on citer trois qui réalisent des bénéfices. Parmi ces derniers est mon jeune ami M. Grauert, fils du célèbre docteur Grauert, à Lingen en Hanovre, qui, — grâce à son merveilleux tact en affaires commerciales, continue de faire d'excellentes opérations et accumule rapidement une grande fortune.

Pour donner seulement une idée des nombreuses entraves que le gouvernement du Taïcoun, à l'instigation des Daïmios, fait peser sur le commerce extérieur, je puis citer ceci : en vertu des traités conclus avec les puissances étrangères, toutes les monnaies étrangères d'or et d'argent doivent avoir cours au Japon et doivent être librement échangées contre les monnaies japonaises, *poids contre poids* ou *selon leur valeur intrin-*

sèque en cas de différence dans la finesse du métal. Mais loin de tenir compte de cette sage et juste stipulation, le gouvernement japonais n'admet *aucune* monnaie étrangère excepté les *piastres mexicaines*, et même celles-ci ne sont échangées qu'à Yokohama, à Nangasaki et à Hakodadé au misérable prix de 2 Itzebous 2 Tempos à 2 Itzebous 5 Tempos, tandis que leur valeur réelle est de 3 Itzebous plus 1 Tempo et 76/100. Ainsi — à part les autres énormes frais et droits que le gouvernement invente pour entraver le commerce étranger — il prend sur l'échange de la seule monnaie étrangère qu'il admette un *bénéfice net* de 34 1/2 à 46 0/0 au préjudice du commerce étranger et il commet cet énorme abus en parfaite contravention aux stipulations claires et précises des traités. Pour *prouver* enfin que le gouvernement ne peut pas chercher à justifier cette criante iniquité en plaidant son ignorance quant à la valeur réelle des piastres mexicaines, il me suffira d'affirmer que, pour aggraver le mal, qu'il fait au commerce étranger, et probablement dans des intentions pires que cela, il permet à tous les diplomates étrangers dans le pays, à tous les attachés aux ambassades et aux consulats, ainsi qu'aux équipages de tous les navires de guerre dans le port, depuis l'amiral jusqu'au simple soldat, d'échanger une certaine somme *par mois* à la douane au taux de 3 Itzebous par piastre. Par exemple un ambassadeur peut échanger à ce prix 2000, un consul général 1500 et un vice-consul 1000 piastres *par mois* et cette différence donne à ces dignitaires un énorme bénéfice au détriment du commerce.

Les négociants de Yokohama et de Naugasaki ont beaucoup protesté contre ces indignes procédés, mais sans aucun effet.

Comme de tels procédés de la part d'un gouvernement devront paraître incroyables dans les pays civilisés, j'ajoute que quiconque pourrait douter de la véracité de mes paroles n'a qu'à consulter l'ouvrage en deux volumes écrit sur le Japon, par sir Alcock, qui a été pendant trois ans *ambassadeur anglais* dans ce pays et qui avoue avoir touché ces bénéfices et en donne les détails.

29 juin. — J'avais écrit ces notes lorsque j'ai assisté au cérémonial des funérailles d'un *Yacounin* noble, qui est mort hier au soir et qui faisait partie du corps de garde stationné à l'entour de la légation américaine. Le défunt, revêtu des habits qu'il avait portés lorsqu'il était de service, avec deux sabres et un éventail attachés à la ceinture et un chapeau noir de bambou laqué sur la tête, fut mis dans un cercueil, semblable à une boîte à chapeaux de femme, de quatre pieds de haut, sur deux pieds de large et d'une épaisseur de deux pieds; on lui plia les jambes et les bras de sorte qu'il était assis et exactement dans la position de l'enfant avant sa naissance. Les japonais suivent cette habitude, parce que leur religion leur prescrit d'ensevelir les morts dans l'attitude dans laquelle ils sont nés. Auprès du cadavre furent mises des jattes contenant des fèves et d'autres légumes pour que l'âme ait de quoi se nourrir dans le monde des esprits.

Puis le cercueil fut cloué, couvert d'une couverture blanche, ornée de guirlandes de fleurs de lis, et placé sur une estrade devant le grand autel du temple. Tous les trois cents yacounins de notre cour, revêtus d'une robe blanche, se mirent alors à genoux autour du cercueil en joignant les mains à plat sans les entrelacer et en priant, tandis que le prêtre alluma tous les cierges sur l'autel, brûla de l'encens, sonna une cloche et pria; et une quarantaine d'autres prêtres, stationnés des deux côtés, entonnèrent des chants funèbres en langue sanscrite ; — l'officiant et les prêtres étaient vêtus en blanc. Aussitôt que le service religieux fut terminé; l'un des prêtres sortit sur le perron du temple, ouvrit une cage dont il était porteur et donna la liberté à un pigeon blanc, qui y était enfermé. Après cet acte symbolique, le sarcophage fut entouré de cordes de bambou; on y passa une perche, et deux Japonais à chaque bout l'emportèrent au pas de course au cimetière qui se trouve près du temple. On le descendit ensuite dans la fosse et chacun des assistants y jeta une poignée de terre.

Le blanc est au Japon la couleur du deuil, et la plus grande offense qu'on puisse faire à un Japonais, c'est de lui faire une visite en habits blancs. Aussitôt que le maître d'une maison meurt, on couvre son nom, sur les enseignes, de papier blanc.

Je retournerai aujourd'hui avec une escorte de cinq yacounins à cheval à Yokohama.

L'OCÉAN PACIFIQUE

L'OCÉAN PACIFIQUE

De Yokohama a San-Francisco, le
2 septembre 1865.

Une fois au Japon, je désirais achever le tour du monde et partir pour la Californie; faute de pyroscaphe, je m'embarquai le 4 juillet, à bord du petit navire anglais *Queen of the Avon,* en destination pour San-Francisco. Nous partîmes à neuf heures du matin avec une faible brise du nord, laquelle me permit de jouir pendant plusieurs heures du sublime panorama de Yokohama, de Kañagawa et du volcan Fusiyama, qui est couvert de neiges perpétuelles et qui semblait s'élever à côté de ces villes, bien qu'il se trouve à une distance de quatre-vingt milles anglais.

Vers quatre heures du soir nous arrivâmes au bateau-pilote où nous transbordâmes le pilote qui nous avait guidés.

A bord de ce bateau se trouvait M. X***, négociant de Yokohama, écossais de naissance, qui s'était échappé pour se soustraire aux poursuites de ses créanciers. Il offrit 300 piastres mexicaines (1,800 francs) à notre capitaine Henry Stedford Looke s'il voulait le conduire en Californie, et lui permettre de loger et de manger, durant le passage, avec les matelots; mais celui-ci s'y opposa, ayant reçu le matin même, de la part du consul général anglais de Yokohama, un avertissement de se garder de prendre cet individu à bord.

Nous sortîmes vers dix heures et demie du soir, entre les caps Souvaki et Sagami, et nous nous trouvâmes dans le vaste Océan Pacifique.

Il n'y avait à bord que deux petites chambres à deux lits, dont une était occupée par un Américain et l'autre par moi. Il y avait encore deux autres passagers, dont l'un M. W. Satchell, négociant de Ningpo, en Chine, devait se contenter de se coucher sur le canapé dans la cabine et l'autre, le grand violoncelliste M. Alexandre Desvachez, de Valenciennes, en France, devait borner son ambition à un lit dans la chambre des officiers. Le prix de passage était de 200 piastres mexicaines (1,200 francs).

Ce M. Alexandre Desvachez est un jeune artiste très-célèbre, qui voyage depuis dix ans dans l'Orient en vivant du produit de ses concerts. Il a successivement visité les îles de Madagascar, de Bourbon, de Maurice, de Ceylon, de Singapore, de Java et de Manille, et les villes de Bombay, Madras, Pondichery, Calcutta, Hong-Kong et Shangai, et quoique dans la chaleur tropicale de 36 à 40 degrés centigrades personne ne soit guère disposé à entendre des concerts, il a eu pourtant un succès fou, et ses séances ont toujours attiré la foule.

Partout où je m'arrêtais dans les Indes et en Chine, on parlait de lui avec extase comme d'une merveille de perfection dans son art. Son immense talent fit également fureur parmi la petite population étrangère à Nangasaki et à Yokohama, et le grand virtuose avait déjà fait embarquer ses violoncelles et ses autres effets, lorsque la veille de notre départ le ministre plénipotentiaire de France, M. La Roche, à Yokohama, insista pour qu'il donnât dans la grande salle de la légation un concert d'adieu, qui eut aussi un immense succès et rapporta 450 piastres (2,700 francs) à l'artiste. Mais M. Desvachez n'est pas seulement un célèbre artiste, il est aussi excellent compagnon de voyage et ses intéressantes saillies m'ont beaucoup amusé dans ce long et pénible voyage.

Je n'ai qu'à me louer de la société de M. Satchell, mais je n'en peux pas dire autant de celle de l'Américain, qui était gargotier à Yokohama et se rendait en Californie pour y chercher fortune ; c'était un homme de six pieds deux pouces de haut, sans aucune éducation, farouche et emporté, grand fanfaron, grand poltron, grand lâche et grand querelleur, et bien que personne de nous ne daignât lui parler, il cherchait néanmoins toujours l'occasion de créer des disputes, et, en invoquant constamment le Pandémonium, il proférait des menaces d'en venir avec nous aux voies de fait et même de tuer celui qui oserait s'approcher de lui; mais sa poltronnerie était telle que, si alors le plus faible de nous s'approchait résolument de lui et disait qu'il allait l'abattre, il reculait de peur. Il est difficile de s'imaginer quelque chose de plus pénible et de plus exécrable que d'être forcé de supporter pendant sept semaines la sociéte d'un tel barbare-cannibale. A bord des bateux à vapeur on ne vit, grâce à Dieu, jamais en contact avec de tels individus, parce qu'ils vont en troisième classe, et même si on en trouve en première, rien n'est plus facile que de les éviter, parce que les pyroscaphes sont très-spacieux; mais il est impossible de se soustraire à leur exécrable compagnie à bord d'un petit navire à voiles comme notre *Queen of the Avon*, où la salle n'a que deux mètres de large sur quatre de long.

Je ne puis parler qu'avec beaucoup d'éloges de l'extrême amabilité et de la politesse de notre brave capitaine Henry Stedford Looke, qui est un ancien marin, et, quoiqu'il ne soit âgé que de quarante-neuf ans, il est depuis trente-cinq ans sur mer, et depuis vingt-neuf ans capitaine de navire; il a maintes fois parcouru toutes les mers, et rien de plus intéressant que de l'entendre raconter les mille et mille dangers qu'il a courus dans sa longue carrière maritime. Mais ce qui frappait le plus mon attention, c'étaient les récits des nombreux ouragans, typhons et cyclones avec lesquels il a eu à lutter, et auxquels il n'a échappé souvent que par miracle; par exemple, sept fois dans des ouragans il a été jeté à la mer par les vagues qui cassaient les bords et emportaient tout ce qui se trouvait sur le pont, mais toujours il a eu le bonheur de se cramponner à quelque corde et d'échapper ainsi à une mort certaine. C'est un homme d'une grande expérience, qui a une profonde connaissance des sciences maritimes; il est infatigable et montre un rare sang-froid dans les temps difficiles; en un mot, c'est le vrai type du commandant de navire. Il n'a que la moitié du nez; voici pourquoi : il avait, il y a quelques années, un cuisinier qui était amoureux de sa servante, et pria en pleine mer de la lui donner immédiatement en mariage. Le capitaine refusa de le faire avant d'être arrivé au port ; alors le cuisinier furieux s'élança sur lui et le mordit au nez, de sorte qu'il lui en détacha la moitié. Il fit mettre le fol amoureux aux fers, et arrivé à Sainte-Hélène, le livra à la justice, laquelle le condamna à sept ans de transportation.

Comme tous les hommes qui sont braves dans leur métier ont le talent de se choisir des subalternes capables, ainsi notre vaillant capitaine a su se procurer pour premier officier M. John Hopper, qui est un jeune homme de grand mérite dans les sciences maritimes, ce qui est vraiment étonnant, car il fit d'abord ses études pour devenir philologue, et ce ne fut qu'après avoir lu tous les anciens auteurs classiques grecs et latins qu'il changea de disposition et adopta la carrière prosaïque de la navigation. Il a une profonde connaissance de l'histoire et de la géographie ; il est aussi très-versé dans la littérature moderne, — surtout dans la littérature anglaise, — et sait par cœur presque toutes les tragédies de Shakspeare; en un mot, il est à la fois excellent marin et savant.

Je ne puis pas non plus parler sans éloge du second officier, M. Ercoin, Écossais, qui est un homme très-pratique et très-utile, et qui, lorsque je venais à quatre heures et demie du matin sur le pont pour prendre mon bain de mer, me prédisait toujours quels vents nous aurions pendant la journée; je dois reconnaître qu'il ne s'est presque jamais trompé dans ses prévisions.

Nous avions, en outre, cinq matelots, tous Anglais et très-braves, pour le service du navire, et un cuisinier, indigène de l'Ile de France (Maurice), qui n'aurait été que trop heureux de nous préparer des chefs-d'œuvre de l'art culinaire, s'il en eût eu le talent et les moyens; mais malheureusement il était novice dans le métier, et nos provisions de bouche se réduisaient à du riz, du bœuf salé puant et du lard qu'on nous servait tantôt froid, tantôt frit, avec des pommes de terre en robe de chambre, et avec du biscuit dur comme la pierre; on nous servait, en outre, tous les jours, pour dessert à notre dîner un pudding; mais comme celui-ci était naturellement fait sans lait, ni œufs, ni beurre, c'était toujours une pâte indigeste ; — comme grande délicatesse, on nous donnait de temps en temps une soupe aux pois. Nous avions pour notre service un garçon de quinze ans et une servante d'une quarantaine d'années, laquelle avait servi pendant de longues années à l'Ile de France (Maurice) et, désespérant d'y trouver l'occasion de se marier, se rendait en Californie à la recherche d'un mari.

La moitié de ma chambre, qui avait un mètre trente-trois centimètres de large sur deux mètres de long, était occupée par deux bois de lit qui se trouvaient l'un au-dessus de l'autre ; dans celui d'en bas, j'avais placé mes effets ; dans celui d'en haut, je dormais ; mais malheureusement ce bois de lit était trop étroit pour m'y coucher sur le dos, et quand je me couchais sur le côté, je risquais toujours de tomber dehors à cause du roulis du navire. A côté de ces lits était, d'un côté une petite commode, de l'autre un lavoir, et il me restait entre tout ce mobilier une place de trois pieds de long sur deux de large pour faire ma toilette. Ainsi installé et équipé, nourri et servi, j'entrepris ce voyage d'environ 7,000 milles anglais à travers l'océan Pacifique.

Notre petit navire *Queen of the Avon*, était tout en fer et ne jaugeait que 161 tonneaux anglais; mais il avait à bord un chargement de 300 tonneaux (chaque tonneau de 40 pieds anglais cubés) de thé japonais, à raison de 9 piastres américaines (49 francs 50 cent.) par tonneau; ainsi, avec le prix du passage des quatre passagers, le capitaine fit un frêt de 3,540 piastres américaines, ou de fr. 19,470, ce qui est énorme, car le navire était à peine aussi grand que les petits bateaux sur lesquels on importe les fruits de Messine.

Le touriste, à terre ou à bord d'un bateau à vapeur, prie toujours Dieu de donner du beau temps, tandis que le voyageur à bord d'un navire à voiles n'oublie jamais de prier l'Omnipotent de donner du mauvais temps, car c'est seulement lorsque le temps est mauvais qu'il y a lieu d'espérer un vent fort; aussi considère-t-on, à bord d'un voilier, comme une calamité de voir monter le baromètre, et se félicite-t-on lorsqu'il baisse. A cet égard nous avons été pendant tout ce long voyage peu favorisés, car bien que nous ayons été enveloppés pendant trente jours par des brouillards épais, ceux-ci ne comptent pas comme mauvais temps dans la vie maritime, et ils ne font pas baisser le baromètre. Nous avons à peine eu pendant trois ou quatre jours des vents violents, pas une seule bonne tempête, et dans tout le trajet je n'ai pas vu de vagues de plus de vingt pieds de haut. Je crois à propos de signaler à cette place l'énorme erreur qu'on trouve dans beaucoup de descriptions de voyages sur mer, dont les auteurs ne pensent être crus que quand ils racontent des mensonges ; ils disent souvent en décrivant des tempêtes : « Des vagues semblables à d'immenses chaînes de montagnes nous élevaient un moment jusque dans les nues et nous rejetaient l'instant d'après dans le profond abîme. » Ainsi celui qui n'a jamais vu une forte tempête serait par ces descriptions induit à croire que le combat des éléments devrait produire des ondes d'au moins

4,000 pieds de haut. Moi je proclame que les plus hautes vagues que j'aie jamais vues dans les plus terribles tempêtes des Océans Indiens Pacifique ou Atlantique, n'avaient qu'une élévation de quarante pieds anglais en comptant du fond de la vallée aquatique jusqu'à la crête de la vague; notre brave capitaine, qui a parcouru à maintes reprises toutes les mers, assure aussi n'en avoir jamais vu de plus hautes; et comme le fond de la vallée aquatique doit nécessairement être autant au-dessous du niveau de la mer que la crête de l'onde est au-dessus, j'affirme que la plus haute vague n'a jamais plus de vingt pieds d'élévation au-dessus du niveau de la mer.

Pendant tout le passage nous avons eu le vent presque toujours Sud, Sud-Ouest, Ouest, Nord, Ouest ou Nord, c'est-à-dire, favorable; mais il y en avait rarement assez pour nous pousser de deux degrés de longitude par jour. Croyant que plus au Nord il y aurait des vents plus forts, le capitaine faisait gouverner le navire toujours Est-Nord demi-Nord, jusqu'au moment où dans la longitude de 155 degrés Ouest, nous arrivâmes à une latitude de 43° 19′ ; alors nous descendîmes graduellement, en tenant le gouvernail Est ou Est-Sud. La température qui était le 4 juillet, jour de notre départ, à Yokohama 23° 3/4 centigrades dans l'eau et 27° 3/4, à l'ombre dans l'air, baissa rapidement en mer, et dès le 18 juillet — où nous fûmes en longitude à 164° 52′ Est, et 38° 42′ de latitude — jusqu'au 8 août, où nous fumes en longitude à 148° 23′ ouest et en latitude 43° 3′, il n'y eut que 13° centigrades dans l'air et dans l'eau. Depuis lors la température se releva peu à peu, jusqu'à ce que, le 17 août, en longitude 133° 1′ ouest et en latitude 39° 41′, nous eûmes 20° 1/2 de centigrade dans l'eau et dans l'air; elle n'a pas varié depuis, jusqu'à notre arrivée devant le port de San-Francisco.

Je crois avoir à peine besoin de dire que nous avions peu de distractions dans les vastes solitudes monotones de l'immense Océan, parce que celui-ci est rarement visité dans ces latitudes, et nous ne vîmes pas de navire avant d'arriver à

133° 9' de longitude Ouest. Mais ce qui frappait beaucoup mon attention, c'étaient les immenses couches de matière couleur de pourpre qui semblaient avoir une épaisseur d'un à deux pieds, parmi et à travers lesquelles nous naviguions continuellement entre la longitude de 152° et celle de 180° Est. Notre capitaine ainsi que nos officiers croyaient que c'étaient simplement du frai de poisson, ce qui me paraissait impossible, vu que tout l'Océan en semblait couvert et que je voyais souvent des couches qui paraissaient avoir une étendue de plusieurs milles. Je tâchai donc d'en pêcher au moyen d'un seau attaché à une corde et je réussis à en puiser une assez grande quantité; mais quel fut mon étonnement lorsque je vis que ce que nous avions cru une matière informe était un amas de petits insectes en forme de poissons et de la grandeur d'une puce. Malheureusement je n'avais pas d'esprit de vin avec moi, je fus réduit à sécher une masse de ces insectes pour les donner au musée de Saint-Pétersbourg. Dans chaque seau que je retirais de la mer avec ces insectes rouges, il y avait une multitude d'œufs blancs de poisson contenant des points noirs; j'en ai séché aussi, mais ils ne sont guère reconnaissables. De 180° de longitude Est jusqu'à 144° Ouest, nous vîmes continuellement autour de nous à la surface de la mer des millions d'une espèce de limaçons sans coquille pourvus de crêtes qui leur servent de voile; en langue maritime ces animaux sont appelés: en français, «galères»; en anglais, «portuguese men of war ;» ils ont une quantité infinie de pieds, espèce de soutiens, avec lesquels ils piquent, et leur piqûre est presqu'aussi venimeuse que celle du scorpion; j'en ai séché plusieurs. — Nous rencontrâmes en outre souvent, de 170° de longitude Est jusqu'à 170° Ouest, des masses de *barnacles*, dont des centaines s'étaient attachées les uns aux autres et formaient un ensemble pareil à un fruit d'Ananas. Nous avons vu aussi grand nombre de grosses baleines, et parfois même quatre à la fois, mais seulement entre 170° Est et 144° Ouest; ces animaux viennent à chaque moment à la surface pour seringuer l'eau qui s'engage dans leurs poumons. Les requins dont les mers fourmillent dans les tropiques sont assez rares dans ces latitudes de l'Océan Pacifique et je crois que c'est à peine si nous en avons vu plus de six pendant tout le voyage ; et même ceux-ci ne semblaient pas avoir assez faim pour s'approcher de notre navire. On reconnaît le requin facilement par les deux nageoires qu'il tient toujours hors de l'eau. Nous avons rencontré des marsouins dans toutes les longitudes et nous en vîmes parfois des troupeaux qui semblaient être au nombre de 500 à 1000.

Enfin en fait d'oiseaux aquatiques, nous fûmes toujours suivis par un grand nombre de cordonniers (en anglais : molly mauks), qui ont la grandeur de l'oie et dont mes compagnons de voyage ont péché un grand nombre au moyen d'un hameçon auquel ils attachaient un morceau de lard ; on en préparait souvent pour nos repas ; comme c'est un oiseau de proie, sa chair est mauvaise, et je n'ai jamais pu me résoudre à en manger. Nous voyions en outre toujours de petits oiseaux appelés « sataniques » (en anglais « Stormy, Petrels ») qui sont semblables aux hirondelles et qui ont un chant aigu qu'on entend surtout la nuit.

On n'a encore jamais fait de sondages dans l'Océan entre le Japon et la Californie, mais on suppose que la profondeur moyenne ne doit pas être de moins de 9 kilomètres.

Le mercredi 26 juillet nous passâmes à midi les antipodes de Greenwich en latitude 40° 37' et en longitude 180° Est et par conséquent — sur la base du mesurage du globe — nous fûmes forcés de retrograder d'un jour et d'adopter le lendemain aussi comme mercredi 26 juillet.

Le 7 août entre 10 heures 3/4 et 11 heures du matin, nous passâmes en latitude 43° 9' et en longitude 149° 42' 27" Ouest les antipodes de Saint-Pétersbourg.

FIN

TABLE

POISSY. — TIP. ET STÉR. DE A. BOURET.

www.ingramcontent.com/pod-product-compliance
Ingram Content Group UK Ltd.
Pitfield, Milton Keynes, MK11 3LW, UK
UKHW012208240726
13966UKWH00002B/653